# SETAS PARA O INFINITO

*Huberto Rohden*

TEXTO INTEGRAL

CONVITE ÀS ÁGUIAS DO PENSAMENTO PARA
UM VÔO ATRAVÉS DA EPOPÉIA DO UNIVERSO
E DO DRAMA DA HUMANIDADE

COLEÇÃO A OBRA-PRIMA DE CADA AUTOR

# SETAS PARA O INFINITO

*Huberto Rohden*

TEXTO INTEGRAL

MARTIN CLARET

## CRÉDITOS

© *Copyright* Editora Martin Claret, 2004

**IDEALIZAÇÃO E
REALIZAÇÃO**
*Martin Claret*

Projeto Gráfico
*José Duarte T. de Castro*

**CAPA**
Ilustração
*Marcellin Talbot*

Editoração Eletrônica
*Editora Martin Claret*

Papel
*Off-Set, 70g/m$^2$*

**MIOLO**
Revisão
*Marinice Argenta*

**Editora Martin Claret** – Rua Alegrete, 62 – Bairro Sumaré
CEP 01254-010 – São Paulo - SP
Tel.: (11) 3672-8144
**www.martinclaret.com.br**

Agradecemos a todos os nossos amigos e colaboradores — pessoas físicas e jurídicas — que deram as condições para que fosse possível a publicação deste livro.

3ª reimpressão - 2019

## PREFÁCIO

# A história do livro e a coleção "A Obra-Prima de Cada Autor"

**MARTIN CLARET**

Que é o livro? Para fins estatísticos, na década de 60, a UNESCO considerou o livro "uma publicação impressa, não periódica, que consta de no mínimo 49 páginas, sem contar as capas".

O livro é um produto industrial.

Mas também é mais do que um simples produto. O primeiro conceito que deveríamos reter é o de que o livro como objeto é o veículo, o suporte de uma informação. O livro é uma das mais revolucionárias invenções do homem.

A *Enciclopédia Abril* (1972), publicada pelo editor e empresário Victor Civita, no verbete "livro" traz concisas e importantes informações sobre a história do livro. A seguir, transcrevemos alguns tópicos desse estudo didático sobre o livro.

## O livro na Antiguidade

Antes mesmo que o homem pensasse em utilizar determinados materiais para escrever (como, por exemplo, fibras vegetais e tecidos), as bibliotecas da Antiguidade estavam repletas de textos gravados em tabuinhas de barro cozido. Eram os primeiros "livros", depois progressivamente modificados até chegar a ser feitos — em grandes tiragens — em papel impresso mecanicamente, proporcionando facilidade de leitura e transporte. Com eles, tornou-se possível, em todas as épocas, transmitir fatos, acontecimentos históricos, descobertas, tratados, códigos ou apenas entretenimento.

Como sua fabricação, a função do livro sofreu enormes modificações dentro das mais diversas sociedades, a ponto de constituir uma mercadoria especial, com técnica, intenção e utilização determinadas. No moderno movimento editorial das chamadas sociedades de consumo, o livro pode ser considerado uma mercadoria cultural, com maior ou menor significado no contexto socioeconômico em que é publicado. Como mercadoria, pode ser comprado, vendido ou trocado. Isso não ocorre, porém, com sua função intrínseca, insubstituível: pode-se dizer que o livro é essencialmente um instrumento cultural de difusão de idéias, transmissão de conceitos, documentação (inclusive fotográfica e iconográfica), entretenimento ou ainda de condensação e acumulação do conhecimento. A palavra escrita venceu o tempo, e o livro conquistou o espaço. Teoricamente, toda a humanidade pode ser atingida por textos que difundem idéias que vão de Sócrates e Horácio a Sartre e McLuhan, de Adolf Hitler a Karl Marx.

## Espelho da sociedade

A história do livro confunde-se, em muitos aspectos, com a história da humanidade. Sempre que escolhem frases e temas, e transmitem idéias e conceitos, os escritores estão elegendo o que consideram significativo no momento histórico e cultural que vivem. E assim, fornecem dados para a análise de sua sociedade. O conteúdo de um livro — aceito, discutido ou refutado socialmente — integra a estrutura intelectual dos grupos sociais.

Nos primeiros tempos, o escritor geralmente vivia em contato direto com seu público, que era formado por uns poucos letrados, já cientes das opiniões, idéias, imaginação e teses do autor, pela própria convivência que tinha com ele. Muitas vezes, mesmo antes de ser redigido o texto, as idéias nele contidas já haviam sido intensamente discutidas pelo escritor e parte de seus leitores. Nessa época, como em várias outras, não se pensava no enorme percentual de analfabetos. Até o século XV, o livro servia exclusivamente a uma pequena minoria de sábios e estudiosos que constituíam os círculos intelectuais (confinados aos mosteiros no início da Idade Média) e que tinham acesso às bibliotecas, cheias de manuscritos ricamente ilustrados.

Com o reflorescimento comercial europeu em fins do século XIV, burgueses e comerciantes passaram a integrar o mercado livreiro da época. A erudição laicizou-se, e o número de escritores aumentou, surgindo também as primeiras obras escritas em línguas que não o latim e o grego (reservadas aos textos clássicos e aos assuntos considerados dignos de atenção).

Nos séculos XVI e XVII, surgiram diversas literaturas nacionais, demonstrando, além do florescimento intelectual da época, que a população letrada dos países europeus estava mais capacitada a adquirir obras escritas.

## Cultura e comércio

Com o desenvolvimento do sistema de impressão de Gutenberg, a Europa conseguiu dinamizar a fabricação de livros, imprimindo, em cinqüenta anos, cerca de vinte milhões de exemplares para uma população de quase cem milhões de habitantes, a maioria analfabeta. Para a época, isso significou enorme revolução, demonstrando que a imprensa só se tornou uma realidade diante da necessidade social de ler mais.

Impressos em papel, feitos em cadernos costurados e posteriormente encapados, os livros tornaram-se empreendimento cultural e comercial: os editores passaram logo a se preocupar com melhor apresentação e redução de preços. Tudo isso levou à comercialização do livro. E os livreiros baseavam-se no gosto do público para imprimir, sobretudo, obras religiosas, novelas, coleções de anedotas, manuais técnicos e receitas.

O percentual de leitores não cresceu na mesma proporção que a expansão demográfica mundial. Somente com as modificações socioculturais e econômicas do século XIX — quando o livro começou a ser utilizado também como meio de divulgação dessas modificações, e o conhecimento passou a significar uma conquista para o homem, que, segundo se acreditava, poderia ascender socialmente se lesse — houve um relativo aumento no número de leitores, sobretudo na França e na Inglaterra, onde alguns editores passaram a produzir, a preços baixos, obras completas de autores famosos. O livro era então interpretado como símbolo de liberdade, conseguida por conquistas culturais. Entretanto, na maioria dos países, não houve nenhuma grande modificação nos índices percentuais até o fim da Primeira Guerra Mundial (1914/18), quando surgiram as primeiras grandes tiragens de livros, principalmente romances, novelas e textos didáticos. O número elevado de cópias, além de baratear o preço da unidade, difundiu ainda mais a literatura. Mesmo assim, a maior parte da população de muitos países continuou distanciada, em parte porque o livro, em si, tinha sido durante muitos séculos considerado objeto raro, passível de ser adquirido somente por um pequeno número de eruditos. A grande massa da população mostrou maior receptividade aos jornais, periódicos e folhetins, mais dinâmicos e atualizados, além de acessíveis ao poder aquisitivo da grande maioria.

Mas isso não chegou a ameaçar o livro como símbolo cultural de difusão de idéias, como fariam, mais tarde, o rádio, o cinema e a televisão.

O advento das técnicas eletrônicas, o aperfeiçoamento dos métodos fotográficos e a pesquisa de materiais praticamente imperecíveis fazem alguns teóricos da comunicação de massa pensar em um futuro sem os livros tradicionais, com seu formato quadrado ou retangular, composto de folhas de papel, unidas umas às outras por um dos lados.

Seu conteúdo e suas mensagens, racionais ou emocionais, seriam transmitidos por outros meios, como, por exemplo, microfilmes e fitas gravadas.

A televisão transformaria o mundo inteiro em uma grande "aldeia" (como afirmou Marshall McLuhan), no momento em que todas as sociedades decretassem sua prioridade em relação aos textos escritos.

Mas a palavra escrita dificilmente deixaria de ser considerada uma das mais importantes heranças culturais, para todos os povos.

E no decurso de toda a sua evolução, o livro sempre pôde ser visto como objeto cultural (manuseável, com forma entendida e interpretada em função de valores plásticos) e símbolo cultural (dotado de conteúdo, entendido e interpretado em função de valores semânticos). As duas maneiras podem fundir-se no pensamento coletivo, como um conjunto orgânico (em que texto e arte se completam, como, por exemplo, em um livro de arte) ou apenas como um conjunto textual (no qual a mensagem escrita vem em primeiro lugar — em um livro de matemática, por exemplo).

A mensagem (racional, prática ou emocional) de um livro é sempre intelectual e pode ser revivida a cada momento.

O conteúdo, estático em si, dinamiza-se em função da assimilação das palavras pelo leitor, que pode discuti-las, reafirmá-las, negá-las ou transformá-las. Por isso, o livro pode ser considerado um instrumento cultural capaz de liberar informação, sons, imagens, sentimentos e idéias através do tempo e do espaço.

A quantidade e a qualidade das idéias colocadas em um texto podem ser aceitas por uma sociedade, ou por ela negadas, quando entram em choque com conceitos ou normas culturalmente admitidas.

Nas sociedades modernas, em que a classe média tende a considerar o livro como sinal de *status* e cultura (erudição), os compradores utilizam-no como símbolo mesmo, desvirtuando suas funções ao transformá-lo em livro-objeto.

Mas o livro é, antes de tudo, funcional — seu conteúdo é que lhe confere valor (como os livros das ciências, de filosofia, religião, artes, história e geografia, que representam cerca de 75% dos títulos publicados anualmente em todo o mundo).

## O mundo lê mais

No século XX, o consumo e a produção de livros aumentaram progressivamente. Lançado logo após a Segunda Guerra Mundial (1939/45), quando uma das características principais da edição de um livro eram as capas entreteladas ou cartonadas, o livro de bolso constituiu um grande êxito comercial. As obras — sobretudo *best- sellers* publicados algum tempo antes em edições de luxo — passaram a ser impressas em rotativas, como as revistas, e distribuídas às bancas de jornal. Como as tiragens elevadas permitiam preços muito baixos, essas edições de bolso popularizaram-se e ganharam importância em todo o mundo.

Até 1950, existiam somente livros de bolso destinados a pessoas de baixo poder aquisitivo; a partir de 1955, desenvolveu-se a categoria do livro de bolso "de luxo". As características principais destes últimos eram a abundância de coleções — em 1964 havia mais de duzentas nos Estados Unidos — e a variedade de títulos, endereçados a um público intelectualmente mais refinado.

A essa diversificação das categorias adiciona-se a dos pontos-de-venda, que passaram a abranger, além das bancas de jornal, farmácias, lojas, livrarias, etc. Assim, nos Estados Unidos, o número de títulos publicados em edições de bolso chegou a 35 mil em 1969, representando quase 35% do total dos títulos editados.

## Proposta da coleção
## "A Obra-Prima de Cada Autor"

A palavra "coleção" é uma palavra há muito tempo dicionarizada, e define o conjunto ou reunião de objetos da mesma natureza ou que têm qualquer relação entre si. Em um sentido editorial, significa o conjunto não-limitado de obras de autores diversos, publicado por uma mesma editora, sob um título geral indicativo de assunto ou área, para atendimento de segmentos definidos do mercado.

A coleção "A Obra-Prima de Cada Autor" corresponde plenamente à definição acima mencionada. Nosso principal objetivo é oferecer, em formato de bolso, a obra mais importante de cada autor, satisfazendo o leitor que procura qualidade.*

Desde os tempos mais remotos existiram coleções de livros. Em Nínive, em Pérgamo e na Anatólia existiam coleções de obras literárias de grande importância cultural. Mas nenhuma delas superou a célebre biblioteca de Alexandria, incendiada em 48 a.C. pelas legiões de Júlio César, quando estes arrasaram a cidade.

A coleção "A Obra-Prima de Cada Autor" é uma série de livros a ser composta de mais de 400 volumes, em formato de bolso, com preço altamente competitivo, e pode ser encontrada em centenas de pontos-de-venda. O critério de seleção dos títulos foi o já estabelecido pela tradição e pela crítica especializada. Em sua maioria, são obras de ficção e filosofia, embora possa haver textos sobre religião, poesia, política, psicologia e obras de auto-ajuda. Inauguram a coleção quatro textos clássicos: *Dom Casmurro*, de Machado de Assis; *O Príncipe*, de Maquiavel; *Mensagem*, de Fernando Pessoa e *O Lobo do Mar*, de Jack London.

Nossa proposta é fazer uma coleção quantitativamente aberta. A periodicidade é mensal. Editorialmente, sentimo-nos orgulhosos de poder oferecer a coleção "A Obra-Prima de Cada Autor" aos leitores brasileiros. Nós acreditamos na função do livro.

---

* Atendendo a sugestões de leitores, livreiros e professores, a partir de certo número da coleção, começamos a publicar, de alguns autores, outras obras além da sua obra-prima.

# Advertência do autor

A substituição da tradicional palavra latina *crear* pelo neologismo moderno *criar* é aceitável em nível de cultura primária, porque favorece a alfabetização e dispensa esforço mental — mas não é aceitável em nível de cultura superior, porque deturpa o pensamento.

*Crear* é a manifestação da Essência em forma de existência — *criar* é a transição de uma existência para outra existência.

O Poder Infinito é o *creador* do Universo — um fazendeiro é um *criador* de gado.

Há entre os homens gênios *creadores*, embora não sejam talvez *criadores*.

A conhecida lei de Lavoisier diz que "na natureza nada se *crea*, nada se aniquila, tudo se transforma", se grafarmos "nada se *crea*", esta lei está certa, mas se escrevermos "nada se *cria*", ela resulta totalmente falsa.

Por isso, preferimos a verdade e clareza do pensamento a quaisquer convenções acadêmicas.

# Prefácio do editor
# para a segunda edição

Desde quando Gutenberg, na Idade Média, imprimiu a Biblia, "inventando", propriamente o livro, uma explosão de informação atingiu todas as áreas do conhecimento humano.

Milhões de livros já foram impressos, e quantidades infinitas virão. Hoje, o homem civilizado não pode viver sem os livros — o instrumento de transformação cultural mais poderoso já inventado.

Huberto Rohden - autor desta obra - amava os livros. Escreveu cerca de 100 obras sobre filosofia, religião e ciência. Traduziu mais de uma dezena de livros para o nosso idioma. Foi editor.

Rohden sempre estava lendo, escrevendo ou reescrevendo. Os livros eram sua paixão. Sua fonte de alegria. Seu instrumento ideal de se comunicar com o mundo.

Este trabalho, escrito há longo tempo, com o nome de Setas na Encruzilhada é um de seus textos mais altos. Uma obra-prima. Aqui, Rohden superou-se a si mesmo. Atingiu o máximo de clareza na forma, e o máximo de profundidade no conteúdo.

Neste momento em que estamos preparando nova edição, resolvemos atender às várias sugestões para mudar, parcialmente, o nome do livro.

Intelectuais, professores, funcionários da Biblioteca Nacional, e simples leitores, acreditam que a palavra Encruzilhada dá à obra uma forte relação com doutrinas afro-brasileiras, confundindo o leitor. O nome originalmente dado à obra não expressava com clareza a verdadeira mensagem do seu conteúdo.

Como editor de Rohden e herdeiro de seu legado literário, a bem da clareza e coerência, resolvemos substituir as palavras na Encruzilhada, por outras, ou sejam, para o Infinito, ficando então, a obra, definitivamente com o titulo: Setas para o Infinito.

Eis, nas palavras do autor, a essência do seu ideal de educador: "A Filosofia Univérsica ou Cósmica é a filosofia segundo o Universo, ou Cosmos. O modelo do homem deve ser o próprio Universo com suas leis eternas.

É chegado o tempo para construirmos a filosofia sobre esse fundamento univérsico — liberta da estreiteza de pessoas e de escolas; filosofia como reflexo e eco do próprio Universo.

É o que tenho tentado fazer em algumas dezenas de livros — e é o que tento fazer, em sintese, nas páginas deste livro.

Os métodos que visam esse ideal são, por vezes, complicados e laboriosos — mas a meta é simples e gloriosa.

Não perca, pois, o leitor a visão da meta longínqua que demandamos em face das setas que colocamos ao decorrer da humana jornada. Sirva-se destas como de diretrizes seguras à beira da estrada — mas tenha o bom-senso de abandonar as setas a fim de atingir a meta que elas indicam. Quem se agarra à seta posta à beira do caminho falha a finalidade dela. O sentido da seta é ser abandonada; a sua finalidade é transcendente, e não imanente; não é um espelho refletor, mas uma janela aberta que dá visão para os horizontes infinitos. A missão da seta ultrapassa o seu corpo presente e se realiza na alma ausente, a meta, que jaz em região longínqua, para além da ponta da seta indicadora.

Assim são os métodos visando à meta."

Que este livro continue cumprindo a sua sagrada mensagem: indicar, como setas luminosas — o infinito caminho do destino humano.

São Paulo, fevereiro de 1989.

## INTRODUÇÃO

# Antes da partida

*E*ste livro é um aprofundamento de outros trabalhos meus dos últimos anos. É, sobretudo, um convite para uma definitiva libertação interior pela disciplina mental e pela sabedoria espiritual.
Convidamos o leitor a levantar vôo a grandes alturas, através da deslumbrante epopéia do cosmos e do drama do homem. Para poder realizar esse vôo, é necessária uma matemática de alta precisão; é indispensável que o leitor se habitue a andar sobre o "fio da navalha", a pensar com rigorosa lógica, a se equilibrar com segurança no mundo de arrojadas abstrações metafísicas. O homem comum só é capaz de pensar em moldes concretos; o seu pensar anda sempre agarrado a objetos sensoriais. O profano é como um nadador principiante que tem medo de largar os arbustos da praia e perder de vista o litoral, e, mesmo que se aventure ao mar-alto, nada agarrado a uma bóia, a um salva-vida qualquer.
Este livro não é para nadadores incipientes — é para os que têm a coragem de perder de vista todas as querências do ego e deixar-se empolgar pela exultante liberdade das grandes vagas do Oceano Infinito.
Este livro é para os voadores estratosféricos, é para os matemáticos e metafísicos da Filosofia Cósmica, para os que sabem pensar em conceitos abstratos, desvinculados de qualquer empirismo concreto.
Quando o homem se habitua a sentir-se "em casa" nesse mundo universal; quando se torna paramhansa (cisne transcendente) da verdade cósmica; quando aprendeu a se equilibrar com facilidade nas regiões rarefeitas da metafísica distante de todas as físicas — então

*começa a se sentir realmente livre e senhor de todos os mundos. E então tem ele, lá da sua excelsa altura, uma visão segura e um critério certo sobre todas as coisas concretas e individuais da vida cotidiana.*

*Esta visão cosmorâmica confere ao homem a mais sublime experiência da sua verdadeira grandeza, porque esse homem sabe e sente que não está sujeito irremediavelmente à lei escravizante da causalidade mecânica que rege a natureza infra-humana; sabe e saboreia a força libertadora da sua interna auto-determinação.*

*Em face disto, é escusado frisar que as seguintes páginas não devem ser devoradas, mas sim estudadas, meditadas, ruminadas. A macrobiótica manda mastigar 50 vezes cada bocado; não garantimos que o leitor que mastigar 50 vezes certas páginas deste livro esteja em condições de extrair desse manjar todas as calorias para a sua nutrição interior.*

\* \* \*

*Colocamos setas nas encruzilhadas da vida e do pensamento. As setas que encontramos à beira das nossas estradas têm função dupla: 1) de serem devidamente contempladas pelo viajor, e 2) de serem corajosamente abandonadas. A ponta da flecha indica a direção a seguir; mas o viandante só cumpre a ordem tácita da seta quando a abandona e se distancia dela; pois a missão da seta é ser ultrapassada, e não abraçada.*

*O sentido da seta é a meta — a meta distante indicada pela seta próxima.*

*Estas páginas têm por fim despertar no leitor o sentido da meta; algo que nele exista, talvez em estado dormente ou semi-consciente.*

*Nem eu nem ninguém pode injetar a outrem o que nele não exista; e, ainda que o pudesse, não o deveria fazer. Em todo homem existe a meta, embora talvez ignorada; compete ao escritor, ao mentor, ao mestre, bater à porta do leitor, do discípulo, do ouvinte, a fim de o despertar do sono. E, uma vez evigilado, o homem seguirá por si mesmo o caminho certo, rumo à meta, que não é algo fora dele, mas o seu próprio Eu central, o cerne da sua autêntica natureza humana.*

*Como, há anos, escrevi no meu livro "De alma para alma", o escritor tem de ser um locutor da humanidade; deve dizer em termos explícitos o que jaz implícito no subsolo do leitor, do ouvinte; deve despertar para o consciente o subconsciente de seu semelhante.*

*Setas para o infinito! indicai ao viajor o caminho certo e alegrai-*

*-vos quando fordes por ele contempladas — e depois abandonadas pelo viandante em demanda da meta!*
   *Feliz viagem!*

## CAPÍTULO 1

# A alvorada da filosofia univérsica e do homem cósmico

A Filosofia Univérsica, ou Cósmica, é a filosofia segundo o Universo, ou Cosmos.

Não trata apenas da *amplitude extensiva* da Filosofia Universal, mas da *profundidade intensiva* que caracteriza o próprio Universo. Não toma por ponto de partida e termo de referência alguma pessoa — Platão, Aristóteles, Tomás de Aquino, Spinoza, Kant, Descartes, Hegel, Bergson — nem se guia por uma determinada escola de pensamento — empirismo, racionalismo, idealismo — mas reflete a própria índole da Constituição do Universo, isto é, a mais *intensa unidade* na mais *extensa diversidade* — o universo em toda a sua genuinidade e integridade.

A Filosofia Univérsica aceita, naturalmente, como contribuintes, todas as correntes válidas do pensamento humano, mas não navega em nenhum desses afluentes do grande Amazonas da Filosofia perene, e sim na grande síntese do próprio Cosmos.

O Universo Integral — como causa e efeito, como essência e existência, como alma e corpo, como fonte e canais — é o único modelo válido para o pensamento e a vida do homem. O homem integral e perfeito, é plasmado à imagem e semelhança do Cosmos, uno em seu ser, múltiplo em seu agir. O homem bom é o homem cósmico, o homem mau é o homem acósmico ou anticósmico.

O *uno* do Universo é o Infinito — o *verso* (vertido, derramado) são os Finitos. O uno e único, diriam os orientais, e Brahman, que se derrama ou pluraliza no múltiplo de Maya.

Nem o *uno* do Infinito, nem os *múltiplos dos Finitos*, quando tomados *disjuntivamente*, são o grande Todo do Universo; somente o *uno* e os *múltiplos* — a fonte e os canais — quando tomados conjuntivamente, é que perfazem o Universo em toda a sua genuinidade e integridade. O Infinito da essência se revela sem cessar nos Finitos das existências. A Transcendência do Deus do mundo aparece na Imanência dos mundos de Deus. O Universo é a essência da existência, causa-efeito, alma-corpo, ser-agir, infinito-finito, eterno-temporário, imanifesto-manifesto, absoluto-relativo.

A alma do Deus do mundo se revela nos corpos dos mundos de Deus.

O homem, esse microcosmo, reflexo do macrocosmo, não pode atingir diretamente a longínqua transcendência do Uno-Infinito da Divindade — mas pode atingir a propínqua imanência dos Diversos-Finitos de Deus, que transparecem em todas as coisas do mundo. Deus é a Divindade em sua imanência finita — a Divindade é Deus em sua transcendência infinita. A Divindade, por assim dizer, se finitiza em Deus. A Divindade "é" — Deus "existe". Ninguém pode conhecer a *Divindade-ente* — só pode conhecer algo do Deus-existente. O grande Além-transcendente ecoa nos pequenos *Aquéns-imanentes*.

\* \* \*

A palavra grega *kósmos* quer dizer *belo* (cf. cosmético).

A palavra latina *mundus*, sinônimo de Universo, quer dizer *puro* (cujo contrário é imundo). O Universo é, pois, belo e puro, quando tomado em sua genuína totalidade.

Quanto mais o *ánthropos* (homem) se assemelha ao *kósmos*, tanto mais belo e puro é ele. Quando o homem se distancia do *kósmos* ou *mundus*, deixa de ser belo e puro. Deve, pois, o homem *cosmificar-se* ou *mundificar-se* para ser integralmente ele mesmo, belo e puro, 100% *ánthropos* para ser imagem fiel do *kósmos* — deve ser homem cósmico, homem universico.

\* \* \*

Segue-se que o homem *profano*, não-cosmificado, é feio e impuro. Conhece apenas a parte efeitual, o corpo, a periferia do Universo, os finitos, os diversos, acessíveis aos sentidos e ao intelecto.

O homem *místico* avançou um grande passo; é semi-belo e semi-puro; refugiou-se ao uno central do Universo, a Deus, à alma, ao

Infinito, e nele se isolou beatificamente. De tanto amor à unidade, odeia todas as diversidades; fugiu do caos das periferias e caiu na monotonia do centro.

O homem *cósmico*, depois de mergulhar totalmente no eterno *uno* do cosmos e nele se consolidar definitivamente pela experiência "eu e o Infinito somos um", realiza um movimento reversivo rumo às periferias, sem deixar o centro; ramifica-se através de todos os *diversos* do mundo, penetrando da intensa luz central da sua consciência unitaria todas as trevas e penumbras das diversidades periféricas, tornando transparentes pelo fulgor do seu *ser* todas as opacidades do seu *agir*. De dentro do seu silencioso *nirvana*[1] central, domina o homem cósmico todos os ruidosos *sansaras* periféricos do mundo em derredor.

O homem univérsico vive a causa una em todos os efeitos múltiplos, faz transbordar a sua experiência mística em vivência ética, infinitizando todas as finitudes, lucificando todas as trevas, vivificando todas as mortalidades.

Em virtude dessa sua experiência de centralidade, tem o homem cósmico o poder de exprimir em forma concreta o grande Abstrato da Realidade Infinita; vê o Transcendente do Infinito como Imanente em todos os Finitos; enxerga o único do *Além* nos múltiplos do Aquém, o Deus dos mundos nos mundos da Divindade.

Por isto, é o homem univérsico ao mesmo tempo *filósofo* e *artista*, porque visualiza o Infinito em todos os Finitos — que é próprio da vidência filosófica — e sabe revestir de forma finita, concreta-individual, o sem-forma do Abstrato-Universal — que caracteriza a vivência artística.

Para ele, a *Verdade da Filosofia* se revela na *Beleza da Poesia*, se entendermos por "poesia" a arte em geral.[2]

Quando Mahatma Gandhi disse que "a verdade é dura como diamante e delicada como flor de pessegueiro", teve ele a intuição do Universo e do Homem como sendo o *uno da Verdade* (dureza do

---

[1] Nirvana = quietude, sansara = agitação.

[2] Note-se que a palavra grega "poesis"(em vernáculo poesia) é derivada do verbo "poiéo", que quer dizer "fazer", "agir". Poesia, em sua acepção filológica e etimológica, significa, pois, "feitura", "feito", "ação", correspondendo ao latim "ars", que vem de "ágere", agir. *Poesia* e *arte* significam, pois, a concretização individual de uma visão universal, isto é, a *beleza* como manifestação concreta da *verdade* abstrata, que é a *poesia da filosofia*, ou seja: filosofia da arte.

diamante) revelado como o *diverso da Beleza* (delicadeza de flor de pessegueiro).

Toda vez que a Verdade culmina em Beleza, o "Verbo se faz carne", a filosofia nasce como poesia.

O músico, o escultor, o pintor, o poeta, o ético — são homens capazes de dar forma concreta à Realidade abstrata. A intuição da Realidade universal é própria de todos os filósofos — mas a expressão em forma concreta é peculiar aos artistas. O homem cósmico é necessariamente um filósofo-artista, um homem integral.

O pintor usa, como meio de expressão da sua inspiração, tinta e tela.

O escultor serve-se de um bloco de mármore ou granito, ou modela o seu ideal em massa plasmável.

O músico revela a sua visão abstrata na vibração concreta de sons aéreos.

O poeta concretiza a substância mental do universo em roupagens de palavras estéticas.

O místico revela a sua intuição divina em atos de ética[3] "humana, fazendo transbordar a plenitude do "primeiro mandamento" nas torrentes benéficas do "segundo mandamento", fazendo o bem aos outros por ser bom ele mesmo.

Todos eles são homens cósmicos, filósofos-artistas, que concretizam o Universal da Verdade no Individual da Beleza.

Do consórcio da Verdade e da Beleza, do *conhecer* e do *agir*, nasce o Homem Cósmico, o "filho do homem", em toda a sua plenitude, "cheio de graça e de verdade".

\* \* \*

É chegado o tempo para construirmos a filosofia sobre esse fundamento univérsico, liberta da estreiteza de pessoas e de escolas, filosofia como reflexo e eco do próprio Universo.

É o que tenho tentado fazer em algumas dezenas de livros — e é o que tento fazer, em síntese, nas páginas deste livro.

Os *métodos* que visam esse ideal, são, por vezes, complicados e laboriosos — mas a *meta* é simples e gloriosa.

Não perca, pois, o leitor a visão da meta longínqua que demandamos em face das setas que colocamos nas encruzilhadas da nossa jornada.

---

[3] Não identificamos a *ética* com a *moral*.

Sirva-se destas como de diretrizes seguras à beira da estrada — mas tenha o bom-senso de abandonar as setas a fim de atingir a meta que elas indicam. Quem se agarra à seta na encruzilhada falha o sentido dela. O sentido da flecha é ser abandonada; a sua finalidade é transcendente, e não imanente; não é um espelho refletor, mas uma janela aberta que dá visão para horizontes além. A missão da seta ultrapassa o seu corpo presente e se realiza na alma ausente, a meta, que jaz em região longínqua, para além da ponta da seta indicadora. Assim são os métodos visando à meta.

\* \* \*

A verdadeira filosofia visa a dar ao homem plena *autonomia* e *autocracia*, em todos os setores da vida. Procura isentá-lo de todas as *heteronomias* e *heterocracias*, as quais, por algum tempo, são indispensáveis como muletas provisórias, mas que serão abolidas quando o homem convalescer das fraquezas do seu pequeno *ego telúrico* e atingir a saúde do seu grande *Eu cósmico*.

Esse Eu cósmico não é algum elemento adventício, alheio à natureza humana, mas é o íntimo quê, o reduto central do homem, o seu genuíno e autêntico EU SOU. O que o homem conhece, ou julga conhecer, conscientemente — o seu ego físico-mental-emocional, a sua persona ou máscara — são apenas as periferias externas da sua natureza; o seu centro interno jaz, ainda desconhecido ou mal suspeitado, nas profundezas do seu Inconsciente, que é o Infinito, o Absoluto.

Quando esse Inconsciente do Eu acordar e permear todos os setores do ego consciente, integrando-os no seu domínio, então nasce o Homem Cósmico, que está para o Homem Telúrico assim como a planta em plena evolução está para a semente de que brotou.

O Homem Cósmico é *explicitamente* o que o Homem Telúrico é *implicitamente*.

A semente, para dar origem à planta, morre como semente — mas não morre como vida; e, para que a vida latente possa brotar em vida acordada, deve a estreiteza da semente ceder à largueza da planta.

Toda iniciação, toda auto-realização, supõe algo parecido com uma destruição, uma morte, uma extinção, um aniquilamento. Quem não está disposto a morrer espontaneamente, não pode viver gloriosamente. Nesse *querer-morrer* espontâneo está todo o segredo do poder-viver plenamente. Morrer, ou antes, ser morto compulsoriamente — por um acidente, uma doença ou pela velhice. Já não resolve o problema; é necessário que o homem esteja disposto a *morrer espontaneamente* antes de ser *morto compulsoriamente*. Só assim se realiza ele plenamente, e para sempre.

É o misterioso "Stirb und werde!" de Goethe.

É o último segredo do Evangelho do Cristo e da Bhagavad Gita do Oriente. Morrer relativamente — para viver absolutamente!...

Quem puder compreendê-lo compreenda-o! ...

## CAPÍTULO 2

# A filosofia da grande libertação

Toda a verdadeira filosofia gravita em torno do problema da libertação do homem. Todos os grandes mestres da humanidade concordam com as palavras do Nazareno: "Conhecereis a verdade — e a verdade vos libertará". Spinoza afirma: "Eu sou livre de tudo que sei — e sou escravo de tudo que ignoro".

A filosofia deve libertar o homem.

Libertar de quê?

De uma escravidão universal.

De onde veio ao homem essa escravidão?

Da sua própria natureza humana — e dessa mesma natureza humana também lhe virá a libertação.

Enquanto o homem conhece imperfeitamente a sua própria natureza, é ele escravo — quando a conhece perfeitamente, torna-se livre.

A ignorância de si mesmo escraviza o homem — o conhecimento de si mesmo liberta o homem.

Por isto haviam os filósofos da Grécia gravado no frontispício do templo de Delfos as palavras *"Gnôthi seautón"* — conhece-te a ti mesmo.

E por isto disse o mestre de Nazaré a seus discípulos: "Conhecereis a verdade e a verdade vos libertará".

Não se trata de conhecer objetos, que é apenas *ciência* — trata-se de conhecer o próprio sujeito, que é *sapiência*, sabedoria, filosofia.

Pela ciência, escreve Einstein no seu livro *"Aus meinen spaeten Jahren"*, o homem descobre os fatos objetivos da natureza externa — mas pela filosofia realiza o homem valores subjetivos em sua natureza interna; a ciência torna o homem erudito, a filosofia toma o homem bom e feliz.

A verdadeira filosofia é a mais alta religião, que liberta o homem de todas as suas escravidões provisórias e lhe dá uma liberdade definitiva.

\* \* \*

De onde vem ao homem o seu estado de escravidão, do qual deve libertar-se?

Devido à quase completa ignorância sobre a história evolutiva do homem, até meados do século XIX, filósofos e teólogos falavam de uma "queda" do homem, e atribuíam essa suposta queda a uma entidade estranha à natureza humana, a um tal "diabo" ou "satanás"[1] que, com astúcia superior, teria prevalecido contra o homem ignorante e fraco. As teologias eclesiásticas de hoje continuam a rezar por essa cartilha mitológica.

E, uma vez que a queda e escravização do homem eram considerados como oriundas da intervenção de uma entidade estranha ao homem, era lógico que seu ressurgimento e sua libertação fossem também obra de um ser alheio à natureza humana. Essa entidade libertadora aparece com vários nomes, nas mitologias e teologias: Messias, Cristo, Krishna, Salvador, etc.

Entretanto, à luz da filosofia e da psicologia, sabemos hoje em dia que tanto a queda como a redenção do homem vêm do próprio homem, de dentro da própria natureza humana, e não de fora dela.

Temos de distinguir na natureza humana o seu elemento externo — que chamamos *o ego* — e o seu elemento interno — denominado o *Eu*. O homem que ignora a sua realidade central, o Eu, e se identifica com as suas aparências periféricas, o ego, é escravo da ilusão, e age em virtude dessa escravidão, de onde resulta uma vida de misérias e sofrimentos. Quem conhece apenas o seu ego periférico e ignora o seu Eu central, não pode deixar de ser egoísta. O conhecimento da sua *egoidade* o leva ao *egoísmo* — e egoísmo é escravidão.

É próprio de todas as mitologias personificarem em forma de entidades ou personalidades autônomas as forças da natureza e do

---

[1] Os mais ignorantes entre os ignorantes chegam ao ponto de identificar "diabo" com "demônio".

homem. Antigamente, os fenômenos da natureza, como terremotos, eclipses solares e lunares, raios e doenças, eram atribuídos a divindades, gênios, espíritos extra terrestres. A natureza era habitada por espíritos elementais, gnomos, silfos, ondinas, náiades, salamandras etc.; e acima dos elementais havia os astrais e mentais, como demônios, demiurgos, diabos.

Tudo que acontecia ao homem, de bom ou de mau, era produto de espíritos bons ou maus.

As teologias eclesiásticas vivem ainda, em grande parte, nessa atmosfera mitológica, admitindo como autores da queda e da redenção do homem entidades alheias ao homem. Vivem em um Universo dualista, pluralista, ignorando o grande Monismo Cósmico.

Entretanto, a psicologia de profundidade e a filosofia univérsica sabem que esses fatores, escravizantes ou libertadores, são forças da própria natureza humana. Enquanto o homem conhece apenas as periferias do seu ego físico-mental-emocional, está ele escravizado por esse conhecimento imperfeito; mas, se chegar a conhecer o seu Eu central-racional, entra ele na zona da grande libertação.

O *auto-conhecimento* leva o homem necessariamente à *auto--realização*; cedo ou tarde, fará ele na sua vida prática o que conhece como sendo a verdade.

O auto-conhecimento não é apenas análise intelectual, mas sim uma experiência vital da realidade central do homem, o seu Eu cósmico. O Eu humano é a própria Realidade Cósmica, cujo ponto de contato consciente é apreendido como o Eu. Esse Eu central e cósmico do homem aparece, na literatura dos povos, com diversos nomes: alma, o espírito de Deus no homem, o reino de Deus no homem, a luz do mundo, a consciência, a centelha divina, o Pai; a filosofia oriental lhe chama *purusha* ou *atman*; os povos nórdicos o denominam *Self* ou *Selbst*. Todos estes nomes designam invariavelmente a mesma realidade central do homem, o seu ponto de contato com o Todo, o Infinito, o Universal, o Absoluto, o Transcendente. O Eu é o próprio Universal apreendido em forma individual. É o Transcendente que se tornou consciente no homem em forma imanente.

\* \* \*

A natureza infra-humana encontra-se em um estado neutro, subconsciente; nada sabe de queda nem de redenção. Vive em completa escravidão, em um total automatismo mecânico, em um radical alo-determinismo, dominado pela lei férrea da causalidade universal. Mas, como a natureza infra-humana não sabe dessa sua escravidão, não se sente escravizada; o que é inconsciente nos é inexistente.

Com o advento do homem, pela primeira vez, ingressou a natureza na zona do consciente — e com isto o fato objetivo da escravidão passou a ser um problema subjetivo de escravização — seguido do esforço de libertação.

E é precisamente aqui que principia o problema fundamental da nossa filosofia: o homem intelectualizado conhece o fato objetivo da sua escravidão e anseia subjetivamente por uma libertação. Se essa libertação não fosse possível, não poderia haver, precisamente na melhor parte da humanidade, esse permanente anseio de libertação. O homem intelectual sabe que é escravo e que pode libertar-se, mas sabe também que não se libertou — e isto constitui toda a tragicidade da sua existência terrestre.

De longe em longe aparece sobre a face da terra alguém que já se libertou, total ou parcialmente, e mostra aos outros, ainda não libertos, o caminho da libertação. E os não-libertos criam alma nova em face de um homem liberto.

A natureza infra-humana é totalmente dominada pela lei férrea de causa e efeito, que é um alo-determinismo absoluto.

O homem intelectualizado percebe a possibilidade de se emancipar desse automatismo escravizante e entrar na zona virgem da auto-determinação — mas esse conhecimento intelectual é apenas *luz*; falta-lhe ainda a *força* de realizar o que teve a luz de conhecer. Essa *força realizadora* existe no homem, não na periferia do seu ego superficial, mas nas profundezas do seu Eu real.

A natureza vive em uma *escravidão inconsciente*.

O homem-ego intelectual vive em uma *escravidão consciente*.

O homem-Eu racional vive em uma *liberdade consciente*.

O terceiro estágio leva necessariamente através do segundo, como mostra tão admiravelmente a história do "filho pródigo", cujo *regresso* foi precedido por um *egresso* e um *ingresso* ("entrou em si"). Seria erro supor que o regresso fosse a anulação do egresso; não, o jovem — que simboliza todo o homem e a própria humanidade — não fechou um círculo, voltando ao ponto de partida, mas abriu uma espiral, superando a partida pela chegada, o egresso pelo regresso, graças ao ingresso em si mesmo, na verdade libertadora do seu Eu divino. Não se "arrependeu" — converteu-se!

A natureza infra-humana, por ignorar a sua escravidão, não sofre com o automatismo necessitante; pois, o que é inconsciente é inexistente. Onde não há nem a luz do conhecimento nem a força do poder não há tragicidade, conflito, problemática.

A tragicidade da existência começa com o homem, e a bitola dessa tragicidade existencial é o grau de intelectualidade que o homem possua; saber-se escravo e não poder abolir a escravidão é dolorosamente trágico.

A tragicidade existencial do homem começa com a intelectualidade — e termina com a racionalidade, porque esta acrescenta à luz do *conhecer* a força do *poder*.

Paulo de Tarso, na epistola aos romanos, descreve essa luta dos "dois eus" dentro do homem — o ego intelectual e o Eu racional, o Lúcifer do ego e o Lógos do Eu, o Cristo interno.

Na natureza não há nem o *poder* nem o *dever*.
No homem-ego há o *dever*, mas não o poder.[2]
No homem-Eu há o *dever* e o *poder*.

A filosofia mostra ao homem o caminho onde o homem, cônscio da sua escravidão, pode realizar a sua libertação.

Mas, segundo as eternas leis cósmicas, o homem não adquire força suficiente para a sua libertação se, antes, não sentir ao máximo a consciência da sua escravidão.

Por isto, inere à filosofia da libertação uma profunda tragicidade, que consiste na progressiva conscientização do senso da escravidão; e só quando essa experiência atinge o seu clímax de dolorosidade é que o homem está maduro para a sua completa e definitiva libertação.

Os teólogos fazem consistir esse elemento escravizante (queda) em um fator externo, alheio ao homem, e, logicamente, também tem de atribuir o elemento libertador (redenção) a um fator externo. Nós, porém, sabemos que esses dois elementos estão dentro do homem, fazem parte integrante da sua própria natureza, porquanto o homem é tanto o seu ego pecador como o seu Ego redentor.

* * *

Para prevenir equívocos, temos de frisar que esse ego e esse Eu não são, em última análise, duas entidades dentro do homem, mas que é a mesma e única realidade humana em dois estágios evolutivos

---

[2] Há, sim, um *poder* inicial, potencial, mas não um *poder* final, atualizado.

diferentes. O ego é potencialmente o Eu — e o Eu é o próprio ego plenamente atualizado e realizado. Assim como a semente de qualquer planta é a própria planta em estado potencial, e a planta é a semente em forma atual — assim é também o homem-ego, o homem-Eu, seja em forma embrionária e imperfeita, seja em forma adulta e perfeita. Não só o Cristo, o homem perfeito, é a "luz do mundo", mas também os outros homens são a "luz do mundo", embora em estado muito primitivo e imperfeito. No Cristo e em nós está o mesmo "Pai" — consciente ou inconscientemente.

É esta a filosofia cósmica de todos os grandes mestres da humanidade — sobretudo da Bhagavad Gita e do Evangelho — que o homem escravizado pelo seu ego ilusório deve descobrir o seu Eu libertador a fim de entrar no "reino dos céus", que está dentro do homem. Por onde se vê que os mestres supõem que o reino da verdade e da felicidade possa e deva ser realizado agora e aqui, e não só alhures e mais tarde. Os grandes mestres não ensinam substituição nem justaposição, mas completa interpenetração orgânica de todos os elementos do homem, em perfeita harmonia. Não afirmam que o ego deva triunfar agora e aqui, e que o Eu deva entrar no céu depois da morte e em regiões longínquas — ensinam que o ego pode e deve adquirir sua plena maturidade na forma do Ego, agora e aqui.

Filosofia é, pois, essencialmente um *auto-conhecimento* e uma *auto-realização*.

Deve o homem conhecer a verdade sobre si mesmo — e deve realizar, na sua vida individual e social, essa verdade conhecida.

É isto, e só isto que o liberta da escravidão da sua ignorância.

A escravidão é temporária — a libertação é permanente.

## CAPÍTULO 3

# A liberdade da culpa e a necessidade da pena

Com o despertar da inteligência, que é o nascimento do homem--ego, nasce no homem a liberdade, ou o livre-arbítrio, mas de uma forma ainda imperfeita e inconstante. O homem que, no estado préintelectual, não podia fazer nem o bem nem o mal, a agora pode fazer o bem e o mal; mas oscila ainda entre esses dois extremos.

Este livre-arbítrio parcial torna o homem parcialmente responsável por seus atos. O homem é responsável por seus atos na proporção em que age livremente.

Harmonizar com o Todo é bom — não harmonizar é mau.

A harmonia com o Todo se revela como Verdade, Justiça, Amor, Benevolência, Solidariedade, Reverência em face da Vida, Felicidade, etc. A desarmonia se revela no contrário.

Quando o homem desarmoniza livremente com o Todo, crea um *débito* ou uma *culpa*.

Essa culpa, porém, exige imperiosamente uma *pena*, ou seja, um sofrimento.

Por quê?

Para manter o equilíbrio do Universo. Se houvesse culpa sem pena, poderia o homem aumentar indefinidamente os seus débitos, as suas revoltas contra a Constituição Cósmica do Universo, até desequilibrar tudo e converter o *cosmos* em um *caos*.

A pena ou o sofrimento é uma espécie de válvula de segurança contra esse desequilibramento anti-cósmico; pois, assim como o gozo é vital, o sofrimento é anti-vital e, como tal, um freio para que o infrator pare no caminho das suas infrações anti-cósmicas. Se persistir em aumentar as suas infrações, destrói-se a si mesmo pelo excesso de anti-vitalidade, até acabar na auto-extinção ou "morte eterna".

A necessidade da pena, que segue à culpa livre, é a garantia da estabilidade do Universo. Se o infrator da harmonia cósmica quiser viver, e não morrer por suicídio metafísico, tem de parar nas suas infrações, revogar a desarmonia e voltar à harmonia com o Todo.

O homem-ego, pela semi-luz da inteligência (lúcifer) comete a culpa e provoca a necessária reação a ela em forma de pena ou sofrimento (lei de causa e efeito, *karma*). Mas esse mesmo sofrimento provocado pela culpa atua também como prelúdio de redenção.

A inteligência do ego produz o sofrimento pela culpa — e a razão do Eu supera culpa e sofrimento e prepara o gozo pela redenção de ambos.

Pensam os ignorantes que a humanidade do presente seja pior do que a de séculos passados. Com a mesma lógica, ou falta de lógica, poderíamos afirmar que um rapaz de 25 anos é pior que um menino de 5 anos, porque este é inocente e puro, e aquele está cheio de pecados e impurezas.

Verdade é que, objetivamente, a humanidade de hoje é bem mais pecadora do que a da Idade Média. Por quê? Porque a inteligência do seu ego é mais desenvolvida e tem mais possibilidades de crear desarmonias com o Todo. Mas, por outro lado, essas culpas também crearam penalidades muito maiores do que em séculos pretéritos, e, como pena é prelúdio de redenção, podemos afirmar que o homem do presente está mais perto da redenção do que o de épocas anteriores. Quando o filho pródigo estava guardando os porcos do seu tirano, no nadir da degradação, estava ele mais próximo da redenção pelo regresso, porque mais perto do ingresso em si, do que antes do egresso.

Através da *felix culpa* e do *necessarium peccatum* (palavras do hino pascal *Exultet*) engendra o homem a tragicidade do seu destino, o seu roteiro evolutivo. O animal *infra-ego* não pode chegar ao *Eu* se não passar pelo *ego*. Ninguém pode chegar do *antepenúltimo* ao *último* a não ser que passe pelo *penúltimo*.

* * *

Nesse roteiro de libertação pelo conhecimento da Verdade, certos místicos do Oriente enveredaram por um caminho que talvez possa ser conside rado como um ato de *boa vontade*, mas não como uma *compreensão* integral: resolveram *abandonar* o mundo objetivo do ego, que os escravizava, em vez de o *superar* pela libertação. Simples abandono não é libertação. Escapismo não é redenção. Quem apenas abandona o mundo do ego, para se refugiar no Eu, não se redime desse mundo — não é um liberto, mas apenas um desertor. Pode essa deserção representar um ato de boa-vontade, mas não deixa de ser medo e fraqueza[1]. o homem disposto a libertar-se deve encarar o mundo da escravidão, lutar com ele até superá-lo por uma força inerente ao próprio lutador. Pela luta, essa força latente no lutador desperta, adquire vigor e crescente poder, até derrotar o adversário. A luta com o mundo do ego exige uma força incomparavelmente maior do que o simples abandono desse mundo adverso. E ainda que o lutar perca muitas batalhas nessa guerra existencial, se ele persistir na luta, revela-se mais heróico e admirável do que o desertor do campo de batalha.

A Bhagavad Gita do Oriente e o Evangelho do Cristo não recomendam fuga, mas luta, até a vitória final.

O homem realmente liberto superou tanto a derrota como a deserção.

Mas essa vitória só pode ser conquistada pelo Eu divino do homem, porque esse elemento divino do homem é onipotente, quando devidamente desenvolvido e acordado. "Tudo é possível, e nada é impossível, àquele que tem fé", isto é, *fides*, fidelidade ao seu centro onipotente, seu Eu divino.

---

[1] Ver a competente ressalva explicativa em outro lugar!

## CAPÍTULO 4

# A imunização do eu pela luta com o ego

O maior triunfo do ego perverso consiste em hastear a bandeira do Eu sobre o quartel geral das suas manobras egoístas. O primeiro passo do eu consiste em reconhecer e desmascarar essas manobras como sendo do ego; sob a bandeira do Eu.

A imunização do Eu em face do ego só é possível em uma luta constante e leal com esse ego e todas as suas hostes. Fora desse campo de batalha pode haver fuga, deserção, escapismo, mas não verdadeira vitória e paz definitiva.

Enquanto o homem ainda for alérgico às impurezas, como é a água, não está definitivamente liberto e imune. Só quando adquirir a invulnerabilidade da luz, que pode penetrar em todas as impurezas sem se tornar impura, é que ele conquistou libertação e triunfo definitivos.

Só o homem que chegou à experiência da sua verdadeira natureza, da sua essencial identidade com o Infinito — "eu e o Pai somos um" — é invulnerável. Não se identifica como escravo com o mundo do ego; nem deserta como medroso desse mundo, mas vive no meio desse mundo e o transforma silenciosamente pelo poder do seu Eu espiritual; atua como um fermento divino no meio das "três massas de farinha", que são as coisas humanas do ego.

O problema não é, pois, nem *conformismo* nem *escapismo*, mas *transformismo*, transformação de todas as coisas do ego pelo poder divino do Eu.

E a arma secreta que garante vitória é o conhecimento experimental da verdade sobre o homem central e real do Eu crístico, do "espírito de Deus que habita no homem".

"Eu sou livre de tudo que sei — eu sou escravo de tudo que ignoro".

Eu sei que não sou os objetos que me rodeiam e que tenho; sei que também não sou o meu ego físico, mental e emocional, que pareço ser — se eu sei realmente tudo isto, sou livre de todas essas ilusões tradicionais da humanidade. A "pobreza pelo espírito" me liberta da identificação com os objetos externos; a "pureza de coração" me liberta da identificação com o meu objeto interno, o ego. Eu não sou nenhum dos objetos, externos ou internos, que apenas tenho — eu sou unicamente o sujeito interno do meu divino Ser, do meu eterno EU SOU.

O homem liberto pode lidar com todas as coisas do mundo do comércio, da indústria, da política, da ciência, da arte, da técnica, pode abraçar qualquer profissão honesta, sem se identificar interiormente com nenhuma delas, com objeto algum. Ele pode *ter* qualquer objeto — não pode *ser* nenhum deles. Não é escravo inglório nem tímido desertor de coisa alguma — é glorioso vencedor de tudo quanto possui, sem ser possuído de creatura alguma.

O escopo de toda a verdadeira filosofia é realizar o homem integral, o homem liberto tanto da escravidão dos objetos como também do temor desses objetos. Escravidão e temor revelam falta de libertação. Onde há libertação não há escravidão nem temor de coisa alguma, porque o homem liberto é senhor de tudo, pela onipotência do seu divino Eu plenamente conhecido e realizado.

*Ubi libertas ibi spiritus Dei* — escreve São Paulo — onde reina a liberdade aí reina o espírito de Deus.

## CAPÍTULO 5

# O universo imanifesto e manifesto

A humanidade pensante de hoje está, praticamente, dividida em *materialistas* e *espiritualistas*, por mais inadequada que seja esta divisão. Aqueles consideram a matéria como única realidade e têm o espírito em conta de uma quimera, ou então como um sutil epifenômeno derivado da matéria. O mundo material é, para eles, o mundo real; o espiritual, é irreal ou pseudo-real, objeto de fé, mas inacessível a uma investigação científica.

Os espiritualistas, por seu turno, afirmam que o espírito é a única realidade e que a matéria não passa de uma espécie de sombra projetada por essa luz espiritual; e, sendo a treva um *nada* com aparências de *algo*, é o mundo material mera ilusão dos sentidos e da mente; só o mundo espiritual é que é sólida e genuinamente real.

Essas duas concepções filosóficas professam posições extremistas, para a direita do espiritualismo ou para a esquerda do materialismo — talvez sem suspeitarem que tanto o espírito como a matéria são, para nós, duas grandes incógnitas, dois X, cuja íntima natureza nem o espiritualista nem o materialista atingem; ambos adoram um *agnostós theós*, um deus ignoto, embora o materialista viva talvez na mais afoita convicção de saber da íntima natureza da matéria, quando essa natureza é tão misteriosa como a do espírito.

A Filosofia Cósmica, porém, isto é, a Filosofia Integral, não se decide nem pelo extremismo da matéria nem pelo extremismo do espírito, porque sabe que tanto o mundo material como o mundo espiritual são derivados de algo que está para além da matéria e do espírito, algo que os nossos sentidos não percebem nem a nossa mente concebe.[1]

O filósofo britânico Bertrand Russell dá a essa Realidade ultra-material e ultra-espiritual o nome de "substância neutra" e a considera como um "ascendente comum" de matéria e de espírito, duas manifestações finitas do Imanifesto Infinito.

Nós preferimos à palavra "neutro" a expressão "universal", "integral" ou "cósmico". Entretanto, o que interessa não é o termo, mas sim aquilo que é simbolizado por esse símbolo "neutro" ou "universal". As "Anti-teses" matéria e espírito estão na zona do universo manifesto — mas a grande "TESE" é do Universo Imanifesto.

Tentaremos ilustrar esta verdade mediante umas comparações tiradas do nosso mundo conhecido.

Todos nós conhecemos alguns efeitos da eletricidade, como sejam luz, calor e força. Mas que é a eletricidade em si mesma? É o pólo positivo ou anódico ( + )? É o pólo negativo ou catódico ( — ) ? É a reunião desses dois pólos antitéticos na síntese de luz, calor ou força ( + —)?

Não! A eletricidade não é nenhuma das duas antíteses positiva-ou-negativa, nem é a síntese conjuntiva dessas duas disjuntivas, positiva-e-negativa; ela é a Tese do Neutro, do pré-positivo e do pré-negativo, o Universal, que, para a nossa percepção é o Nada, precisamente por ser o Todo. A eletricidade real e total é essa Plenitude que parece Vacuidade, e que forma o substrato do nosso Cosmos.

Os dois pólos elétricos, quer em disjuntiva antitética, quer em conjuntiva sintética, são apenas duas manifestações conhecidas de algo desconhecido e imanifesto. Seria absurdo admitir que, antes de o gerador na usina entrar em movimento, não houvesse eletricidade e que o gerador produzisse a eletricidade do puro nada. Na realidade, o gerador produz apenas os dois pólos, positivo-e-negativo, do seio imenso do Neutro ou Universal, da ignota Tese Cósmica, que é pré-positiva e pré-negativa; produz os dois pequenos manifestos ( +

---

[1] Quando Jesus, o Cristo, diz que "Deus é espírito", não entende ele por "espírito" o contrário da matéria, como se depreende da totalidade da sua mensagem, mas entende por "espírito" a Realidade Universal, Infinita, a grande "Tese" do Todo, anterior à bifurcação das "Anti-teses" matéria e espírito, e anterior também à "Sín-tese" dessas "Anti-teses". Para o Nazareno, Deus é precisamente aquele ALGO ou ALGUÉM que forma o alvo da nossa presente investigação.

e —) do seio do grande Imanifesto, que ignoramos. O que o gerador na usina faz não é *crear do nada* os dois pólos elétricos, mas sim transformar, separar, dissociar, para a direita e para a esquerda (ânodo e cátodo) dois elementos que, desde sempre, se achavam contidos no misterioso seio daquele Imanifesto neutro ou universal. O ignoto TODO da TESE se revelou, parcialmente, nesses notos Algos das Anti-teses e da Sin-tese.

De modo análogo, a Realidade do Imanifesto do TODO se revela aos nossos sentidos e à nossa mente na forma de Algos manifestos, *espírito e matéria*. Se pudessemos entrar na grande Usina Cósmica antes de o gerador iniciar o seu movimento — antes que Brahman se revelasse em Maya, antes que a Divindade se manifestasse como Natureza, antes que o Inconsciente Absoluto do Ser passasse à zona do Consciente Relativo do Existir — não veríamos nem espírito nem matéria, mas Algo pré-espiritual e pré-material — o TODO UNIVERSAL.

Mas, sendo que esse ingresso na Usina Cósmica pré-existencial e pré-polarizada nos é vedado, só podemos perceber e conceber o que se nos manifesta na zona existencial e bipolarizada, que é espiritual-material. A Realidade Absoluta, porém, é Essência Im-polar (precisamente por ser Oni-polar). A sua Oni-polaridade Universal anão se acha discriminada em espiritualidade e materialidade, em positivo e negativo; mas é neutra ou universal. A Essência Universal é por nós percebida como Existência Individual, a Tese do Infinito nos aparece como Anti-tese e como Sin-tese finitas.

A Oni-polaridade Essencial do Todo, da Plenitude, do Real, é, para a nossa percepção relativa, como se fosse o puríssimo Nada, o Vácuo, o Irreal. Os nossos sentidos e o nosso intelecto analítico funcionam como válvulas de retenção e diminuição em face do TODO, cujo impacto integral aniquilaria as nossas faculdades cognitivas. Só atingimos um *Algo Existencial* (espírito-matéria); mas, anterior a esse *Algo* Existencial é o *Todo Essencial*, o desconhecido *Neutro*, o ignoto *Universal*, o eterno Brahman dos hindus, o anônimo *Yahveh* dos hebreus, o longínquo *Tao* dos chineses, a misteriosa *Divindade* dos cristãos. O nome masculino *Deus* (ou mesmo feminino) já é um derivado do termo neutro *Divindade*. A Divindade "é", Deus apenas "existe"; o Imanifesto não "ex-siste", nem "in-siste", mas simplesmente "siste" ou é"; os Manifestos "ex-sistem", porque foram "colocados para fora", assim como todas as Anti-teses e Sin-teses "exsistem", como ejetados para fora da grande Tese.

No mundo dos seres orgânicos deparase-nos o fenômeno bi-polar do *vivo* (positivo, ânodo) e do *morto* (negativo, cátodo) ; mas anterior aos indivíduos vivos e indivíduos mortos há a Vida Universal. A Vida Universal, Cósmica, é anterior a qualquer indivíduo vivo ou morto; vivo e morto são dois derivados da Vida inderivada; são dois fenômenos relativos e sucessivos no Número absoluto e simultâneo; são formas existenciais de uma única Realidade essencial; vivo e morto são Anti-teses da grande Tese, são um binômio de manifestos *bipolarizados* do Imanifesto *im-polar* (oni-polar) : VIDA.

Quando matamos um indivíduo vivo, destruímos um veículo que veiculava uma parcela da Vida Universal, a qual, por isto, deixa de se manifestar através desse canal; mas não destruímos a Vida, que é absolutamente indestrutível. A Vida é a própria Realidade.

Sobre esta base corre o estranho colóquio que, no segundo capítulo da Bhagavad Gita, se tratava entre Krishna e Arjuna, fazendo ver que matar não é destruir a Vida, mas inutilizar veículos finitos e temporários da Vida infinita e eterna. Conceitos como esse são perigosos para os profanos, cuja ignorância converteria em veneno ético do erro o alimento metafísico da Verdade. Vishnu e Shiva, duas manifestações do Brahman Imanifesto, deuses existenciais da Divindade Essencial, são autores de nascimentos como de mortes, de vivos e de mortos; são *luz vivificante* e *fogo mortífero*, a luz da vida e o fogo da morte. "Ninguém pode ver a Deus e ainda viver" (Bíblia), porque Deus, que é "luz", é também um "fogo devorador". A Divindade Universal está para além do vivo e do morto, porque é a Vida; para além do bem e do mal, porque é a própria Realidade Universal, que, na zona física, se bifurca em vivo e morto, e, na zona ética, se antitetiza no bem e no mal.

O nascer e o morrer dos indivíduos assemelha-se ao subir e ao descer das ondas na superfície do oceano; o oceano corresponde à Vida Universal, que não aumenta com o nascimento de um indivíduo vivo, nem diminui com a morte de um indivíduo morto. O Oceano Vital é absoluto, eterno, infinito, imutável — apenas as suas ondas, pequenas ou grandes, os indivíduos — é que surgem e descem, nascem e morrem, entram na zona visível do manifesto, e saem dessa zona submergindo no Invisível e Imanifesto.

Se algum indivíduo vivo pode estabilizar e perpetuar a sua vivência individual, em vez de recair à não-vivência — disto falaremos mais tarde.

O Universo Integral é uma Presença Viva, uma Vida Universal, e não um bloco de matéria morta. A vida também impera lá onde nós não a percebemos em forma individualizada, porque a Vida é onipresente e ilimitada; quando a percebemos, a Vida Universal e Absoluta já se individualizou e relativizou em algum ser vivo; do contrário, não perceberíamos a presença da Vida. Nenhum ser individual, finito, pode perceber a Vida Universal, Infinita, uma vez que "o percebido está no percipiente segundo a medida do percipiente", e, como o percipiente humano é finito em sua percepção, a Vida Infinita só pode ser por ele percebida finitamente. A nossa percepção limita o Ilimitado, finitiza o Infinito, individualiza o Universal. Todo e qualquer conhecimento é, necessariamente, uma diminuição do Todo, uma parcialização da Realidade Integral. Perceber e conceber são para nós o que o diafragma do aparelho fotográfico é para a luz solar; a Luz da Infinita Realidade não projetaria imagem na película do nosso consciente se nela batesse em cheio, assim como a luz solar plena não forma imagem no filme sensível do aparelho fotográfico; somente a luz parcial, diminuída, dosada, pelo diafragma das nossas faculdades cognoscitivas finitas é que produz imagem em nosso consciente. Conhecer é ser finito. Se o homem recebesse o impacto pleno da Realidade Integral, nada perceberia, porque o seu *recipiente limitado* sucumbiria sob a veemência do *recebido ilimitado*. Nenhum recipiente finito pode receber o Infinito.

*   *   *

A Vida ou Realidade Universal, anterior a espírito e matéria, a positivo e negativo, a vivo e morto, não é objeto de prova ou demonstração analítica; mas é um postulado do bom-senso e uma experiência íntima da nossa essência universal, pode ser vivida, não pode ser inteligida ou definida mentalmente. O arquiteto que se recusa a admitir a terra como primeiro fundamento do seu edifício, não pode lançar o seu alicerce de pedra e cimento. Quem nada supõe nada pode provar. Quem não admite uma realidade pré-analítica não pode iniciar análise. Quem não vive uma certeza anterior à demonstração não pode demonstrar.

Essa experiência íntima da Realidade Universal não é uma *hipótese* vaga e, possivelmente, refutável; mas é a *evidência* imediata da Realidade, que confere uma certeza superior a toda e qualquer demonstração analítica e silogística. Viver essa certeza e essa evidência imediata, é o problema central da Filosofia Cósmica e da vida humana. Essa certeza, porém, nasce em todo homem que produz em si um ambiente propício para essa experiência redentora.

"Conhecereis a Verdade — e a Verdade vos libertará"...

## CAPÍTULO 6

# O universo transcendente e imanente

O Universo é infinito?
O Universo é finito?
Estas perguntas atormentam milhares de homens pensantes. E poucos encontram solução satisfatória.

O Universo é infinito na sua realidade *transcendente* — porém finito em seu aspecto *imanente*.

A transcendência é a ordem *ontológica*, a ordem do "ser" — a imanência é a ordem *lógica*, a ordem do "conhecer".

Com outras palavras: o Universo como *real* e realizante é infinito — o Universo como *realizado* é finito. *Natura naturans* e *naturata*, diria Spinoza.

É perfeitamente lógico admitir uma Causa infinita que se revele em *causados* (efeitos) finitos. A Causa infinita é o Imanifesto, a Vida, o Universal — os causados finitos são os manifestos, os vivos, os indivíduos.

Quando algum ser finito tem consciência da Realidade Infinita, então o Infinito está finitamente nesse ser finito, porque o cognoscente finito só pode ter noção finita do Infinito, porquanto o recebido está no recipiente segundo a medida do recipiente, a qual, no caso suposto, é finita.

Esta presença finita do Infinito no finito chama-se *imanência* (do latim *in-manere*, ficar dentro).

Entretanto, a presença do Infinito fora dos finitos é infinita, porque ilimitada, universal — e essa presença universal, ou onipresença, do Infinito chama-se *transcendência* (de *trans-scendere*, passar além).

De maneira que o Infinito, que está finitamente em qualquer finito, está infinitamente no Infinito. A imanência é, pois, uma presença limitada do Ilimitado, ao passo que a transcendência é uma presença ilimitada do Ilimitado.

Não envolve contradição afirmar que o Infinito está finitamente no finito, uma vez que essa limitação não vem da *essência* do Infinito, mas sim da sua existência; o Infinito em si continua Infinito, quando imanente no finito; apenas a sua maneira de se manifestar existencialmente é que é modificada por esse recipiente finito. O Imanifesto continua ilimitado dentro de todos os manifestos limitados.

Se dermos ao Infinito, Ilimitado, Imanifesto, o nome "Deus"[1], temos de afirmar que Deus é essencialmente ilimitado em sua transcendência (a Divindade) — mas é existencialmente limitado em sua imanência (Deus). Se vou à praia do mar e colho um copo d'água, tenho na pequenez do copo uma parte da grandeza do oceano, ao passo que o restante dessa grandeza oceânica continua fora do meu recipiente; a grandeza do oceano é *transcendente* ao meu copo, e a sua pequenez é *imanente* do mesmo. Se, em vez do copo, colher água com um litro, a imanência da água oceânica aumenta, ao passo que a sua transcendência continua imutável. Se colher uma tonelada de água, aumenta notavelmente a imanência, mas a transcendência permanece sempre a mesma.

*Ontologicamente* (na sua transcendência) Deus (como Divindade) é infinito, ilimitado, universal — *logicamente* (imanente em meu conhecimento) Deus (como Deus) é finito, limitado, individual. Em hipótese alguma poderá o conhecimento imanente coincidir com a realidade transcendente, porque, neste caso, ou seria eu, o cognoscente, infinito ou a Divindade, se cognoscida, seria finita.

A transcendência ontológica não admite graus (o Infinito não pode ser aumentado nem diminuído) — mas a imanência lógica admite graus. É possível que hoje eu tenha do Infinito uma noção igual a 10, amanhã igual a 20, depois igual a 50, e assim por diante. A transcendência infinita se reflete na minha imanência finita cada vez mais amplamente. Esse processo, porém, é necessariamente indefinido (embora não infinito), porque qualquer finito em demanda do Infinito está sempre a uma distância infinita; o *cognoscido* (conhecido) da minha imanência nunca poderá ser idêntico ao cognoscível da divina transcendência, e por isso a Divindade é, praticamente, o eterno

---

[1] Mais exato que "Deus" seria "Divindade".

*Incognoscível*. A minha *jornada* nunca se converterá totalmente em chegada. O *transcendente* da essência infinita ultrapassará sempre o *imanente* da existência finita. Sempre o meu *ignorar* será maior do que o meu *conhecer*, porque este é da imanência, e aquele se refere à transcendência.

Para que o homem tenha *humildade* só é necessário que conheça a *verdade*.

O conhecimento e reconhecimento da verdade ontológica é humildade. A soberba vem da ignorância da verdade, a humildade vem da experiência da verdade. A certeza íntima "estou no caminho reto da Realidade" dá profunda paz e alegria; a convicção "não estou no fim da Realidade" entre o homem de profunda humildade e do desejo dinâmico de progredir incessantemente, rumo a maior Realidade.

"A vida eterna é um incessante conhecer, um progressivo amar, uma crescente beatitude".

\* \* \*

O que acabamos de expor sobre transcendência e imanência obedece à mais rigorosa lógica; é, em última análise, pura matemática. Aliás, toda a verdadeira filosofia culmina em uma espécie de matemática, e até em geometria, razão por que mestre Pitagoras exclamou, um dia: "Deus geometriza no universo!"...

A matemática é a mística da física — assim como a mística é a matemática da metafísica.

Os que são incapazes de compreender a relação entre transcendência e imanência peçam ou por *dualismo* ou por *panteísmo*. Os dualistas admitem uma transcendência sem imanência — os panteístas professam imanência sem transcendência.

Quem admite transcendência sem imanência admite um Infinito *separado* dos finitos; para o dualista, os finitos não se acham localizados dentro do Infinito, e o Infinito não permeia e penetra os finitos. Só uma espantosa falta de lógica pode professar semelhante absurdo. Se os finitos não estivessem todos no Infinito, onde estariam eles, se fora do Infinito não há nada? E se o Infinito não permeasse todos os finitos, não seria Infinito, não seria onipresente, ilimitado, porque (segundo a suposição.) estaria ausente dos finitos; o Infinito não imanente nos finitos seria um "Infinito não-infinito", um "Todo não-total", um "Ilimitado limitado", um "Onipresente parcialmente ausente". As teologias eclesiásticas do ocidente são visceralmente dualistas, professando um Deus separado e ausente do mundo, negando a imanência do Imanifesto no Manifesto e proclamando a Causa Universal apenas como transcendente (e não imanente) e, portanto, separada dos seus efeitos individuais.

Por outro lado, os que admitem a imanência sem a transcendência caem em uma espécie de panteísmo, identificando o Infinito com a soma total dos finitos, o que é ilógico, porque os finitos representam *quantidades*, ao passo que o Infinito é homônimo de *qualidade*; e a soma total das quantidades, por mais numerosas que sejam, não perfaz qualidade. Qualidade não significa aumento ou adição de quantidades, mas é de outra categoria, está no zero-dimensão.

A matemática é uma ciência metafísica; se eu disser, por exemplo: 9 vezes 9 são 81, ninguém me perguntará: quando são 81? Onde são 81? Não há nenhum "quando" (tempo), não há nenhum "onde" (espaço) ; 9 vezes 9 são 81, fora de qualquer tempo e espaço, em si mesmo, no abstrato da sua intrínseca realidade, *qualitativamente*, e não apenas *quantitativamente*.

De modo análogo, o Infinito, o Transcendente, o Absoluto, não depende de nenhum "quando" temporal, de nenhum "onde" espacial.

É claro que a equação $9 \times 9 = 81$ pode ser *aplicada* a objetos concretos, pedras, árvores, animais, homens — mas a sua intrínseca realidade não *depende* de nenhum fato concreto.

Assim, a soma total dos finitos, que são quantidades, não perfaz o Infinito, que é qualidade. A imanência de todos os Finitos não perfaz o Infinito.

* * *

Quem admite um Deus-pessoa, um Deus individual, não pode, logicamente, admitir um Deus onipresente (ou imanente), porque qualquer realidade individualizada se acha localizada em determinado ponto do espaço; só um Deus universal é que pode ser um Deus onipresente. Vida individualizada só pode existir em determinados veículos individuais; mas a Vida Universal é uma realidade onipresente.

A Realidade ou Vida Universal, o Deus Transcendente (Divindade), é chamada na filosofia oriental o "Brahman Imanifesto" — ao passo que a Realidade ou Vida Individual, o Deus Imanente, e apelidado de "Brahman Manifesto" ou o Brahma, que no homem se chama "Atman". Esse "Brahma" ou "Atman" corresponde ao "Lógos" dos filósofos gregos, termo que, através do autor do quarto Evangelho, entrou no Cristianismo Cósmico: "No princípio era o Lógos, e o Lógos estava com Deus, e o Lógos era Deus... Nele estava a Vida, e a Vida é a Luz dos homens; a Luz brilha nas trevas, e as trevas não a prenderam... E o Lógos se fez carne e ergueu habitáculo em nós, cheio de graça e de verdade; e da sua plenitude todos nós recebemos".[2]

Carl G. Jung chama a Realidade Imanifesta ou Deus Transcendente, o "Inconsciente". Victor E. Frankl escreveu um livro sobre o "Deus Inconsciente" (*Der Unbewusste Gott*), entendendo com esta palavra o elemento divino no homem, para além da barreira do seu consciente.

Convém, todavia, não identificar esse "Inconsciente" com a ausência do "Consciente", mas sim com a ilimitada plenitude do "Consciente". Deus, a Divindade, é o grande "Inconsciente" do ponto de vista do nosso limitado "Consciente" humano, individual; mas em si mesmo é esse "Inconsciente" o "Oniconsciente", da mesma forma que a Infinita Plenitude da Realidade é, para a nossa limitada percepção, a Infinita Vacuidade do Irreal. Quem fita em cheio o globo solar não enxerga luz, mas treva — treva por excesso de luz, porque a retina visual sucumbe ao veemente impacto da luz solar, não reagindo à ação da mesma. "Ninguém pode ver a Deus (Divindade) e ainda viver". Nenhum ser individualmente realizado pode ser o Ser Universalmente Real. O consciente individual não registra a presença da Divindade, cuja Plenitude lhe é Vacuidade.

O "Ente Absoluto", que "é", não pode ser verificado por nenhum "Existente Relativo", que apenas "existe", precisamente porque "ex-siste", quer dizer "colocado para fora", produzido como efeito. O "Ente Absoluto" simplesmente "é", ou "siste", e pode dizer de si mesmo "Eu sou o que sou", ou sou o "Ser", o "Yahveh", palavra hebraica para "Ser". O que teve princípio e pode ter fim não "é", mas apenas "existe"; só o Eterno, o Absoluto, o Todo, o Universal, o Ser "é", e nunca pode deixar de ser, porque a sua íntima e indestrutível essência é ser. Nós, e todas as criaturas, existimos precariamente, e poderíamos também não existir, porque como criaturas não "somos", mas apenas "existimos". A Divindade, porém, "é" com infinita necessidade e veemência, e nunca pode deixar de ser.

◻

---

[2] O "Brahma" seria o Lógos pré-encarnado, o Cristo Cósmico — ao passo que o "Atman" seria o Lógos encarnado, o Cristo Telúrico, o Cristo-Jesus.

## CAPÍTULO 7

# O monismo da física e o monismo da metafísica

A física nuclear da Era Atômica inaugurou o mais completo monismo, no plano das ciências naturais. Já não existem, como realidades autônomas, os 92 elementos da química; todos eles, desde o mais simples (hidrogênio) até ao mais complicado (urânio) são apenas manifestações várias de uma única substância básica, a "Luz Cósmica". Tudo é *lucigênito* — e tudo é *lucificável*. É este o grandioso monismo da física.

Na metafísica se dá o mesmo fenômeno; aos antigos pluralismos sucedeu-se o grande *Unismo* ou *Monismo*. Aliás, todos os grandes pensadores da humanidade — desde Hermes Trismegistos e os autores anônimos dos Vedas e da Bhagavad Gita, até Sócrates, Platão, os Neo-platônicos, Spinoza, Bergson, etc. — sempre pensaram em termos de monismo universal.

Filosofia, Psicologia, Yoga, Religião — já não as podemos considerar como quatro ciências ou sapiências desconexas e independentes; podem elas divergir nas suas ramificações externas, mas em sua radicação interna convergem todas para um ponto único; *diversitárias* nas aparências, são estritamente *unitárias* em sua essência. O monismo é visceralmente *universitário*.

A ciência, diz Einstein, descobre os fatos do mundo objetivo da natureza — mas a filosofia realiza valores no mundo subjetivo do homem; aquela descobre apenas *das was ist* (aquilo que é), ao passo que esta realiza *das was sein soll* (aquilo que deve ser); a ciência faz o homem erudito — a filosofia faz o homem bom e feliz. A ciência descobre fatos — a filosofia realiza *valores*.

A verdadeira filosofia monista é *antropocêntrica*, gira em torno do homem integral, porque *ánthropos métron pánton*, o homem é a medida de todas as coisas.

Para realizar em si os valores realizáveis, e assim se tornar bom e feliz, deve o homem: 1) conhecer-se a si mesmo; 2) realizar-se de acordo com esse conhecimento — *auto-conhecimento* e *auto-realização*.

O auto-conhecimento supõe uma intuição espiritual da sua íntima natureza; é uma vidência mística, uma sapiência cósmica sobre o próprio homem integral.

A auto-realização é a *vivência ética*, resultante daquela experiência mística.

O auto-conhecimento é uma experiência mística — a auto-realização é uma vivência ética; aquele é o "primeiro e maior de todos os mandamentos" — esta, a auto-realização, é o "segundo mandamento semelhante ao primeiro".

Segundo o Cristo, o auto-conhecimento místico do homem, o "primeiro e maior de todos os mandamentos", consiste em "amar o Senhor, teu Deus, com toda a tua alma, com toda a tua mente, com todo o teu coração e com todas as tuas forças" — o que corresponde exatamente ao que ensina a filosofia oriental, convidando o homem a se realizar pelo conhecimento dos quatro tipos de *yoga*: *jnani* (espiritual), *raia* (mental), *bhakti* (emocional) e *hatha* (corporal), abrangendo assim o homem total.

Graficamente, poderíamos representar esse mandamento do seguinte modo:

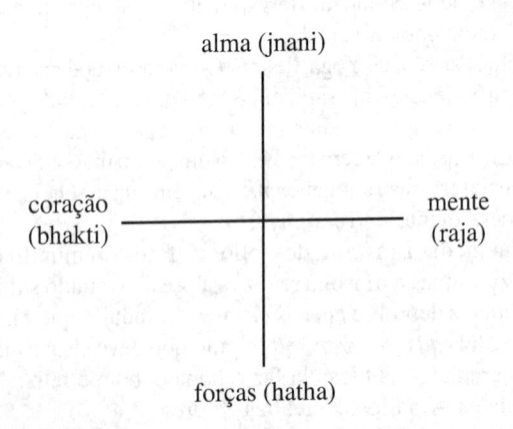

```
                    alma (jnani)
                         |
                         |
   coração  ─────────────┼───────────── mente
   (bhakti)              |              (raja)
                         |
                         |
                   forças (hatha)
```

Depois de estabelecerem a mística do primeiro mandamento (auto-conhecimento, através alma, da mente, do coração e do corpo), passam os mestres, quer no Evangelho, quer na Bhagavad Gita, para o "segundo mandamento", que é aplicação prática da verdade do primeiro mandamento, ou seja, a ética como espontâneo transbordamento da mística: "Amarás o teu próximo como a ti mesmo", o que, na filosofia do Oriente, se chama *"karma-yoga"*, ou yoga da ação, que é a auto-realização, a ética, fruto maduro do autoconhecimento.

"Nestes dois mandamentos — conclui o Nazareno — consistem toda a lei e os profetas", quer dizer, a religião integral, quer na sua parte externa (lei, para a personalidade do ego) quer na sua parte interna (profetas, para a individualidade do Eu).

A ciência trata do descobrimento de *objetos* — a filosofia trata da creação de valores no *sujeito*. O cosmos só é inteligível ao *ánthoropos* que se compreendeu a si mesmo. Aquele é a Esfinge — este é o Édipo, que solve o tenebroso enigma daquela.

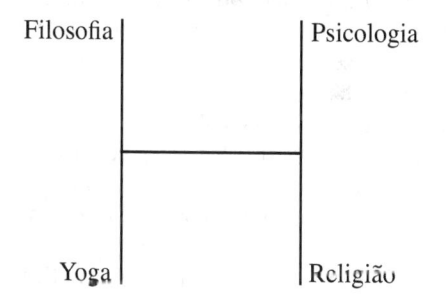

|  |  |
|---|---|
| Filosofia | Psicologia |
| Yoga | Religião |

Estas quatro palavras — todas no singular e com inicial maiúscula — circundando o grande H do homem, simbolizam o monismo metafísico da filosofia antropocêntrica.

Filosofia quer dizer "amor à sabedoria".

Psicologia é a "ciência da alma".

Yoga significa "união" ou "re-unificação".

Religião, do latim "religio", quer dizer "re-ligação".

O homem que possui amor à sabedoria, que conhece a sua alma, o seu verdadeiro Eu, inicia um processo de re-unificação ou de re-ligação; restabelece uma união ou ligação entre o seu indivíduo finito e a Universalidade Infinita; reata as relações des-atadas entre a creatura e o Creador, entre o efeito e a Causa, entre o egosciente e o Onisciente, entre a parte individual e o Todo Universal.

* * *

Mas, poderá haver rompimento, desligação, separação, entre o finito e o Infinito? Entre o ser individual e o Ser Universal?

No plano *objetivo* e *ontológico* do ser, é impossível essa separação — mas possível é ela no plano *subjetivo* e *lógico* do conhecer e do querer.

No momento em que algum "realizado finito" se separasse, objetivamente, do "real Infinito", voltaria ao "irreal", ao nada da existência; porquanto, o indivíduo realizado só existe em virtude da sua união com a Realidade Universal. A Existência individual depende da Essência Universal; desligando-se dela, recai no abismo da inexistência.

No mundo infra-humano — mineral, animal — há uma união automática entre o existir individual e o Ser Universal; o finito existencial emerge do seio do Infinito essencial, assim como uma onda emerge do seio do oceano. Esse "emergir" do individual de dentro do mar Universal chama-se "nascer" — e o contrário, o "imergir" (ou "submergir") do ser individual para dentro do vasto seio do Ser Universal chama-se "morrer". Morrer é voltar da zona existencial para a zona essencial; é re-essencializar a sua existência; é retornar do efêmero *sansara* do existir temporário para o permanente *nirvana* do Ser Eterno.

O *existir* tem início e tem um fim — mas o Ser não teve início nem terá fim. A Divindade, que é o *Ser*, não *existe*, mas *é*; ela "É" tão poderosamente que nenhum existir a afeta. Todos os *existires* emergem do *Ser* e imergem no *Ser*; do *Ser* tudo nasce, no *Ser* tudo existe, para dentro do *Ser* tudo morre. A Divindade é tanto Luz construtora como Fogo destruidor — ela é *Vishnu* e *Shiva*, dizem os orientais: o Deus da vida e o Deus da morte.

Entre o *nascer* e o *morrer* dos indivíduos existenciais decorre o *viver* deles — fugaz lampejo de luz entre duas noites de trevas. Mas a Realidade Eterna é Luz Essencial, que não é afetada nem pela alvorada nem pelo ocaso das luzes ou trevas existenciais das creaturas efêmeras.

Objetiva e ontologicamente, nenhum indivíduo pode desligar-se da Realidade Universal sem que deixe de existir individualmente.

\* \* \*

Mas, com o aparecimento do homem sobre a face da terra começou um novo fenômeno: a creatura *consciente e livre pode subjetivamente* desligar-se do Creador; pode agir como se não dependesse dele; pode proclamar a sua (ilusória) autonomia e autocracia pessoal. A linha única do *alo-determinismo automático* se bifurca então na linha dupla da *auto-determinação espontânea*: alo-determinismo

O indivíduo consciente e livre pode assumir atitude *pró* ou atitude *contra* o Todo Universal; pode *concordar* com ele e pode *discordar* dele. ⟶

auto-determinação ⟵

E, como o indivíduo consciente e livre se pode *des-ligar* subjetivamente do Universal, pode também *re-ligar-se* a ele; pode *separar-se* subjetivamente, e pode *unir-se* a ele.

*Yoga* ou *Religião*, como se vê, são processos privativos do mundo consciente e livre, onde existe a possibilidade de dois processos contrários.

E, para poder realizar essa re-ligação ou re-união, deve o homem possuir o necessário conhecimento de si mesmo, deve possuir *Psicologia* (ciência da alma) e *Filosofia* (amor à sabedoria). A verdadeira ciência da alma é sabedoria, porque a alma, o Eu central do homem, não é um objeto a ser analisado mentalmente, mas é o sujeito a ser intuído e vivido espiritualmente.

A verdadeira Yoga ou Religião só são possíveis à luz da genuína Psicologia e Filosofia.

\* \* \*

A possibilidade desse separatismo subjetivo da parte do indivíduo relativamente ao Universal supõe certo grau de consciência.

Essa tendência de emancipação do *ser finito* relativamente ao *Ser Infinito* é chamado *pecado* ou *culpa*. Se o Todo Universal é o *Bem Absoluto*, qual quer movimento separatista representa uma diminuição desse Bem, um mal subjetivo, embora não um mal objetivo, que é impossível.

Sendo que uma separação objetiva entre o existir individual e o Ser Universal não é possível, segue-se que toda a tendência de separação subjetiva é, fundamentalmente, um erro, uma ilusão da parte do indivíduo rebelde.

Culpa, pecado, é ilusão — mas uma ilusão pela qual o ser consciente e livre é responsável e que afeta o seu destino subjetivo.

Essa tentativa de emancipação do indivíduo relativamente ao Universal é um *mal livre* por parte da *culpa*, do sujeito — mas é um *mal necessário* por parte da *pena* que segue inevitavelmente à culpa. O homem é livre em cometer a culpa do pretenso separatismo, mas não é livre em sofrer a pena que a culpa acarreta automaticamente. Pode o homem cometer ou não cometer a culpa, mas, uma vez cometida a culpa, não pode evitar a pena, que é a sanção infalível da lei violada.

Se fosse possível ao homem cometer culpa, não pode evitar a pena, que é a sanção infalível correria perigo a estabilidade da Harmonia do Universo. Se creaturas livres pudessem, *impunemente* (sem pena ou punição) opor-se ao Todo Universal, pereceria a garantia da Ordem Cósmica. Mas, como o cometimento — livre da culpa acarreta necessariamente a conseqüência da pena ou do sofrimento, e, como nenhuma creatura quer sofrer, é garantido o equilíbrio cósmico do Universo.

*Gozar é uma afirmação da vida.*

*Sofrer é uma negação parcial da vida.*

Como é lei básica de todo ser vivo querer viver, e como viver é gozar, nenhum ser vivo pode querer viver para sofrer; se aceita o sofrimento aceita-o como meio para outro fim maior, mas não pode aceitar o sofrimento como *fim* em si mesmo, o que seria anti-vital e anti-cósmico.

Por isto, por causa da pena inevitável, o ser livre procura neutralizar a culpa — e essa tendência de extinção da culpa é o processo de re-unificação ou re-ligação (Yoga, Religião) do indivíduo com o Universal.

\* \* \*

Surge, nesta altura, a pergunta: se o ser consciente e livre tem que re-unificar-se ou re-ligar-se com o grande Todo, por que se separou dele? Não seria, neste caso, preferível que o homem nunca se desligasse do Todo Universal? Que não "comesse o fruto da árvore do conhecimento"? Que ficasse no Éden da sua inocente e ignorante natureza mineral, vegetal ou animal? Não seria preferível nunca des-ligar-se, em vez de se des-ligar e depois re-ligar-se? Não seria melhor *evitar* a des-união em vez de a *remediar* por uma subseqüente re-união?

Aqui entra em jogo o mistério da *polaridade* e das *antíteses*, o mistério da *felix culpa* e do *necessarium peccatum*.

A pergunta culmina na seguinte alternativa: é preferível uma *união inconsciente* a uma *desunião consciente*?

À primeira vista, parece absurdo admitir que uma desunião consciente seja melhor que uma união inconsciente — e isto seria exato no caso que a desunião consciente fosse um *fim* em si mesmo, e não um *meio* para outro fim superior.

Existe, porém, esse *fim superior*, que é a *união consciente*, que não pode nascer de uma união *inconsciente*, mas tão-somente de uma *desunião consciente*. A *felix* culpa tinha de preludiar o *talis et tantus Redemptor* (tal e tão grande Redentor), como diz o hino místico *Exultet*. O *neutro* da união inconsciente tem de passar pelo *negativo* da desunião consciente, para que o *positivo* da união consciente possa surgir. O filho pródigo tinha de deixar a casa paterna (neutro, união inconsciente) e passar por uma terra estranha (negativo, desunião consciente), a fim de poder regressar à casa paterna (positivo, união consciente) — voltou, mas voltou outro do que partira; não fechou um círculo, mas abriu uma espiral; o ponto de chegada não coincide com o ponto de partida; o regresso não é a revogação do egresso, mas é um complemento daquele. O filho pródigo não se "arrependeu" do seu separatismo da casa paterna; valeu-se desta primeira fase da sua evolução para poder realizar a segunda fase; esta não é contrária àquela, mas sim complementar. Ele se "converteu".

O misterioso elo entre o *egresso* e o *regresso* é o *ingresso*, a entrada dentro de si mesmo ("então entrou ele em si mesmo" ... ) ; esse ingresso no íntimo sujeito, ou Eu, realizou a estranha alquimia da auto-realização.

Através da "ciência da alma" (Psicologia) e do "amor à sabedoria" (Filosofia), procura o homem, des-ligado do Todo pelo seu ego-consciente, re-ligar-se (Religião) e conseguir uma perfeita união (Yoga) com o grande Todo. E essa re-ligação e essa união é feita em virtude do seu super-consciente, daquela luz e força que vivem nas profundezas do seu ser divino.

O *pecador* separatista e o *redentor* reunificante — ambos fazem parte da natureza humana. O homem-ego já comeu do "fruto da árvore do conhecimento". Falta agora que o homem-Eu coma "do fruto da árvore da vida".

Da união inconsciente do Éden, através da desunião consciente de Lúcifer até á união consciente do Cristo.

É este o grandioso Monismo Cósmico da verdadeira Filosofia Univérsica.

## CAPÍTULO 8

# Organicidade da filosofia cósmica

As filosofias tradicionais sofrem, quase todas, do grande mal da *mecanicidade de justaposição*, suplantando a *organicidade da interpenetração*. Falam do mundo, do homem e de Deus como de três coisas separadas, quando, de fato, esses três vocábulos representam uma unidade orgânica, uma *Realidade única* que se revela em *Pluralidade Múltipla*.

Graficamente, poderíamos representar esta verdade do seguinte modo:

| | | |
|---|---|---|
| Real | > | Realizado |
| Ser | > | Existir |
| Ativo | > | Passivo |
| Dativo | > | Receptivo |
| Absoluto | > | Relativo |
| Positivo | > | Negativo |
| Eterno | > | Temporário |
| Infinito | > | Finito |
| Transcendente | > | Imanente |
| Universal | > | Individual |
| Brahman | > | Maya |
| Divindade | > | Mundo |
| Creador | > | Creatura |

} = UNIVERSO

A Realidade Total consiste, portanto, nestes dois elementos simbolizados pelos nomes da primeira e da segunda coluna, e não em um deles isoladamente.

O sinal > indica Transcendência e Imanência, Maior e Menor.

As antigas escolas filosóficas de Elea (sul da Itália) e Éfeso (Ásia Menor) digladiavam-se para decidir se a Realidade era um *estado de Ser* (*Sein, To be*) ou um *processo de Devir* (*Werden, To become*); se ela era *passivamente estática* ou *ativamente dinâmica* — e não chegaram a um acordo. Outros, porém, como o grande Pitágoras, ultrapassaram esses dois extremos mutuamente exclusivos e, em lugar da *disjuntiva* hostil dos eleáticos e efesinos, descobriram a *conjuntiva* complementar da Realidade Integral, que é um *Ser Universal* a manifestar-se sempre em *Existires Individuais* — o eterno Imanifesto que aparece sempre em Manifestos temporários.

Com efeito, a Realidade Total é tanto *Ser* como *Devir*, *Passiva* e *Ativa*, *Inconsciente* e *Consciente*, *Dativa* e *Receptiva*. A Divindade e os mundos não são duas realidades disjuntivas e separadas; são uma Realidade, que, como o Real, é a Causa causante e invisível, e, como Realizado, é o Efeito causado e visível.

A Realidade Integral é, pois, bi-polar; é um equilíbrio dinâmico entre duas antíteses complementares, de que resulta a síntese, que é a Realidade Total. Verdade é que, na ordem ontológica, o Real é a grande Tese, da qual, todavia, nada sabemos, por ser Transcendente ao nosso alcance; o homem só conhece o Brahman Transcendente na forma do Brahma Imanente, a Divindade Universal só nos é conhecida como um Deus Individual.

Se representarmos o *Real* ou *Todo* pelo sinal simbólico $+$, e o *Irreal* ou *Nada* pelo símbolo $\bigcirc$, teremos de designar o *Realizado* ou *Algo* pelo sinal $\oplus$. Os dualistas separam estes dois sinais: $+$ $\bigcirc$, como se o *Real* estivesse fora do *Realizado*, o *Todo* fora do *Algo*, e assim reduzem o Algo a um pseudo-algo ou Nada, e o Todo a um pseudo-real, a um agente que não age, a uma causa que não causa.

Os panteístas, por seu turno, identificam o *Todo* com o *Algo*, fazendo coincidir a amplitude dos dois: $\oplus$ e, como se o Infinito fosse a soma total dos finitos, como se a Divindade fosse a soma total dos deuses ou mundos.

O monista, porém, sabe que, embora o *Todo* seja transcendente ao *Algo*, e a todos os *Algos*, ele é também imanente em cada um deles: $\oplus$ e por maior que seja o número de *Algos* que nele inscrevamos, $\circledast$, o *Todo* continua transcendente a todos eles — suposto, naturalmente, que o Todo seja infinito e ilimitado. A soma total dos *Algos* finitos nunca será igual ao *Todo* infinito, uma vez que o *Todo* representa pura *qualidade*, ao passo que os *Algos* são apenas *quantidades*.

No verdadeiro monismo, o *Todo Infinito* transcende infinitamente qualquer *Algo finito*, ou a soma deles; o *Todo* está parcialmente imanente em cada *Algo*, ao passo que qualquer *Algo* está totalmente imanente no *Todo*.

*Essencialmente*, é verdade, a Divindade está toda no mundo e em qualquer das suas parcelas; mas *existencialmente* se revela nelas apenas parcialmente; a sua presença essencial é total, mas a sua manifestação existencial é parcial, porquanto "o recebido está no recipiente segundo a capacidade do recipiente"; a finitude do recipiente limita a infinitude do recebido — limita-o em sua imanência existencial, e não em sua transcendência essencial.

Sendo que o finito só conhece o Infinito transcendente segundo a sua capacidade finita imanente, e não segundo a realidade infinita do transcendente, segue-se que a percepção ou consciência que qualquer finito tem do Infinito é finita, limitada. Essa consciência finita, é claro, admite graus de intensidade; um finito de 10 graus percebe o Infinito como sendo 20 ou 50. Quer dizer que a ordem *lógica do conhecer* (finito) nunca coincide com a ordem *ontológica do ser* (infinito). O finito em demanda do Infinito está sempre a uma distância infinita.

\* \* \*

Uma vez que o homem descobriu que o Infinito está imanente em todos os finitos, embora finitamente e em graus vários de manifestação, está aberta a porta para a maior e mais fascinante experiência cósmica: pode o homem encontrar a Deus em qualquer creatura — e isto não mediante uma forçada e artificial auto-ilusão, mas pela intuição da própria realidade das coisas. Não é necessário fugir da realidade e refugiar-se à irrealidade, abandonar a verdade sóbria e abraçar uma ilusão falaz — mas o homem que queira encontrar o Creador em cada creatura deve descobrir a mais profunda e sólida realidade dentro dessa creatura; pois a Essência infinita jaz oculta em todas as Existências finitas.

Maya, a Natureza, diz a filosofia oriental, *revela* Brahman, mas também *vela* Brahman; a Natureza manifesta Deus, mas também oculta Deus. Manifesta-o porque o Infinito está imanente em todo finito; oculta-o porque o Infinito está apenas finitamente em cada finito, uma vez que um contenedor limitado não pode revelar plenamente um conteúdo ilimitado, porque este não cabe totalmente naquele. Um copo de água haurido no mar revela o mar, mas, devido à pequenez do copo, é velada ou oculta a grandeza do mar, não por culpa do mar, mas por causa do copo.

Uma vez que o homem atingiu essa ultravidência ou introvidência da Realidade — o Real em todos os Realizados — pode ele adorar a Deus em tantos altares quantas forem as criaturas que encontrar em seu caminho — e o Universo se converte, para Ele, em uma catedral cósmica.

E, devido à visão dessa imanência divina em todos os seres, pode o homem cósmico querer bem a todas as criaturas, porque em todas elas está imanente o Creador.

No princípio desse processo, "a verdade é dura como diamante" — no dizer de Mahatma Gandhi — mas no fim se torna ela "delicada como flor de pessegueiro".

A Verdade austera da Filosofia acaba na fascinante Beleza da Poesia.

## CAPÍTULO 9

# Creação e evolução

É comum ouvirmos ou lermos declarações como estas: Eu creio na criação, e não na evolução! Ou então: A evolução é um fato científico, a criação é um mito religioso!

Como se houvesse antagonismo entre criação e evolução!

Na realidade, criação e evolução são fatos *complementares*, e não *contrários*.

O que a ciência provou irrefragavelmente é o fato de terem os organismos superiores da natureza terrestre vindo *através* de organismos inferiores — mas não provou, nem jamais provará, que aqueles vieram destes, como se os seres menos perfeitos fossem causa dos mais perfeitos; semelhante afirmação envolveria manifesta contradição, porque, segundo a mais comezinha lógica e matemática, o *inferior* não causa o *superior*, o *menos* não produz o *mais*. "Nenhum efeito pode ser maior que sua causa", diz a lógica. Mas, se admitirmos que um ser com perfeição 50 tenha vindo de outro ser com perfeição 20 ou 10 ou 5, admitimos efeitos maiores que suas causas, e estamos fora da lógica e da matemática. A palavra *de* indica a causa, ao passo que o vocábulo *através* ou *por* indica apenas uma condição, um canal ou veículo por onde o efeito fluiu, assim como a água flui através do encanamento ou do leito fluvial.

É, pois, lógico e correto afirmarmos que os organismos superiores vieram *através* de organismos inferiores (que é evolução ou criação), servindo estes como veículos e canais daqueles; mas é ilógico afirmar que qualquer organismo superior seja causado por um organismo inferior (que seria creação); o 5 não produz 10, e este não produz 20 nem 50.

Se dermos ao organismo humano a perfeição 50, e ao organismo animal mais perfeito o grau 20, é evidente que aquele não foi causado por este, a não ser que resolvamos abolir a lógica e a matemática.

Pessoas não habituadas a pensar logicamente têm esta argumentação em conta de um "jogo de palavras"; acham que essa distinção entre "causa" e "condição", entre "de" e "através", entre "crear" e "criar" seja simples brincadeira e trocadilho ou inaneacrobacia mental, quando, na realidade, é um imperativo da mais pura lógica e matemática, que representam a realidade objetiva das coisas.

Afirmamos, pois, como evolucionistas, que todos os seres finitos superiores do mundo vieram através de seres finitos inferiores, porque este processo foi provado pela ciência — mas não afirmamos que os seres finitos superiores tenham vindo, como efeitos, de causas finitas inferiores, porque tal coisa não foi provada, nem será provada jamais, por ser intrinsecamente impossível. Nenhum fator finito causa outro fator finito maior do que o primeiro. O que não está contido no produtor não pode ser por ele produzido; nenhum produzido ou produto pode ser maior que seu produtor. Quando tal coisa parece acontecer na natureza, há equívoco ou engano de observação ou erro de conclusão da parte do homem. Se lanço à terra um grão de milho (ao qual daremos o grau de perfeição 5), e dele parece nascer um pé de milho (com a perfeição 10), parece, à primeira vista, que houve um efeito maior que sua causa, o que, todavia, é ilusão. Se o grãozinho de perfeição 5 não tivesse entrado em contato com os grandes reservatórios de energia cósmica, como a luz solar e a umidade terrestre, nunca o 5 se teria transformado em 10; essa diferença entre 5 e 10 não veio do 5, mas do 1.000 ou do 1.000.000, ou do 1.000.000.000, ou do $\infty$ das energias cósmicas que foram captadas e canalizadas pelo grãozinho, o qual, portanto, não serviu de fonte ou causa (total) do 10, senão apenas de canal, veículo ou catalizador de uma parte da imensa energia cósmica que há na luz e na água. Por isto, se colocarmos o grão de milho sobre a mesa, nunca dará planta, nunca o 5 produzirá 10, porque lhe falta o contato necessário com o 1.000 ou 1.000.000.000 das energias cósmicas, e o pequeno canal não funciona como veículo dessas energias, que vêm da fonte.

Se de uma torneira sai água, ela não vem *do* encanamento, mas *através* dele; vem *da* nascente (embora nem esta seja a verdadeira e primeira causa, como veremos mais tarde; é apenas a causa mediata).

Se abro uma janela, entra na sala a luz solar. Donde veio essa luz? Da janela? Não! Do sol (mediatamente) e fluiu através da janela aberta. O sol funciona como causa (mediata), e a janela aberta como condição ou canal imediato.

A ciência empírica não enxerga para além das causas causadas, finitas, do mundo objetivo. Mas a filosofia vai em busca de uma Causa não causada, de uma Causa-Prima, original, inderivada, autônoma, infinita. Não podemos iniciar um processo de causalidades ou causações com causas causadas, porque estas, antes de causarem (ativo), já foram causadas (passivo); antes de serem causa, já foram efeito. Mas, é intrinsecamente impossível que a primeira de todas as causas, a Causa-Prima, seja causa causada; ela tem de ser necessariamente uma causa causante, isto é, uma causa pura, inteiramente *ativa*, sem nenhuma tara de *passividade*. Todas as causas causadas, antes de serem gloriosamente ativas, causando, já são ingloriamente passivas, sendo causadas; nasceram com uma espécie de "pecado original" ou tara que as contamina para sempre com a tara de uma fraqueza finita e imperfeita.

A Causa-Prima é pura atividade, o *actus purus* de Aristóteles, a *luz sem trevas*, de João Evangelista, o *Summum Bonum* de Agostinho, o *Absoluto* dos misticos e metafísicos, o *ponto fixo* de Arquimedes, o *átomo* de Demócrito.

Desse *Uno* de pura qualidade brotam os *múltiplos* das impuras quantidades. É como a *Luz Incolor* donde irradiam as *luzes multicores*. É a grande *Plenitude do Todo* que transborda nas graduadas vacuidades das partes, que nos aparecem como *Algos*...

Dessa Causa-Prima Universal derivam todas as causas-segundas dos individuais. Todos os finitos vêm do Infinito, através de outros finitos.

A filosofia localiza esse Infinito causando os finitos — processo que uns chamam *criação*, outros *emanação*, ou *irradiação*. Nenhuma dessas palavras é bem exata; umas parecem indicar um processo de separação entre a causa e o efeito (emanação, irradiação), outra insinua a produção de Algo do Nada (criação). Na realidade, porém, o nascimento dos finitos do seio do Infinito não é nem uma separação entre causa e efeito, nem a produção de Algo do abismo do Nada; é antes uma manifestação parcial do Todo, uma existencialização parcial da Essência. O nascimento dos finitos do seio do Infinito assemelha-se, embora imperfeitamente, ao surgir das ondas, pequenas e grandes, na superfície do Oceano; ou à dispersão em luzes multicores que, de fato, não são senão manifestações da única Luz Incolor, do outro lado do prisma triangular. A comparação mais perfeita para ilustrar simbolicamente esse processo de procedência dos finitos do Infinito é, talvez, o paralelo entre o pensador e seus pensamentos; estes não nascem do Nada, nem se separam do pensador; são manifestações parciais do pensador, e sempre imanentes nele, apesar de não serem idênticos a ele.[1]

Na realidade, os mundos são como que pensamentos de Deus, não separados dele, nem idênticos a ele, mas distintos dele. O Infinito é transcendente a todos os seus finitos, mas também é imanente em todos os infitos e em cada um deles.

O *Dualismo* ocidental considera Deus como separado dos mundos que produziu.

O *Panteismo* oriental identifica Deus como a soma total dos seus mundos.

O *Monismo Universal* não admite um Deus separado do Universo nem idêntico ao Universo, mas distinto dele, transcendente e imanente ao mesmo tempo. O Monismo, assim concebido, é a única filosofia que faz jus às mais rigorosas exigências da lógica.

\* \* \*

Quando afirmamos que o mais perfeito não pode estar contido no menos perfeito, e por isto não podia o homem vir, com efeito, do animal, como sendo sua causa — há quem objete o seguinte: o maior pode estar contido no menor, *potencialmente*, assim como a planta está potencialmente contida na semente, e a ave no ovo. Da mesma forma, podiam os seres superiores (o homem, por exemplo) estar contidos potencialmente nos seres inferiores (o homem podia ter existido potencialmente no animal). Tudo que existe em potência pode atualizar essa sua potencialidade, e tornar-se explicitamente o que já é implicitamente.

---

[1] É deveras estranho que a palavra *pensar* signifique um processo tanto mental como também material. Pensar, em sentido físico, quer dizer tratar as feridas de um ferido; o médico, o enfermeiro pensa os ferimentos de seu paciente vulnerado. Parece que os finitos são enfermos e vulnerados que devam ser constantemente *pensados* para que não morram de debilidade, mas possam sobreviver. Se o Infinito deixasse de pensar os finitos, estes morreriam de fraqueza; vivem somente enquanto são carinhosamente pensados por seu Creador e Curador.

É este o modo como, em nossos compêndios escolares, se fala da evolução do homem; os animais antropóides (símios ou lemures) teriam sido potencialmente homens; teriam sido, implicitamente, em tempos pretéritos, o que o homem é hoje em dia de um modo completo, explícito, atual.

Há, todavia, um erro funesto nesse modo de pensar e argumentar. Que é *potência, potencial*? É verdade que a planta está potencialmente contida na semente? A ave potencialmente no ovo?

Não é verdade, se com a palavra "potência" ou "potencialidade", entendermos algum elemento existente no interior da semente ou do ovo. A futura planta, a futura ave não estão encerradas, como que em miniatura ou *maquette*, nesses veículos, e, de fato não saem deles, embora assim pareça, como já insinuamos acima.

Onde está essa potência, ou potencialidade?

Está no Universo, no imenso reservatório de energias cósmicas, está na Vida Universal do Cosmos, que encontram na semente ou no ovo, um outro veículo, um catalizador idôneo para se manifestarem, parcialmente, em forma de vida individual, de planta, de ave, etc. A potência está, pois, no Universo, no grande Todo, na Vida Cósmica, e não propriamente nesses pequenos veículos.

Se dou volta ao interruptor elétrico do meu quarto, tenho luz. Onde estava essa luz antes de se acender? No interruptor ao lado da porta do meu quarto? Não! Estava na usina elétrica, e foi canalizada através dos fios e posta em contato com a lâmpada pelo interruptor. A potência da luz elétrica estava, pois, não na pequena chave do meu quarto, mas na longínqua usina. A chave serviu apenas de intermediário ou catalizador de uma energia já pré-existente em outra forma.

Se ponho uma semente ou um ovo em água quente, deixam eles de funcionar como veículos idôneos da potência vital do Cosmos, porque a elevada freqüência vibratória do valor destruiu essa idoneidade; não matou a Vida, que é imortal, mas inutilizou um veículo individualizante da Vida Universal, e por isto a vida Universal deixa de se manifestar através deste veículo — semente, ovo — que deixou de ser catalizador vital. "Matar" é desligar da energia cósmica algum dos veículos dessa Vida. Ninguém pode matar a Vida, só podemos inutilizar algum dos veículos da Vida.

Entre parênteses: sendo que a inteligência é essencialmente negativa, e a razão (espírito) é positiva, segue-se que a inteligência só pode *destruir* o veículo vital, mas não o pode *construir* nem *reconstruir*; em linguagem comum: pela inteligência negativa só podemos matar o vivo, mas não podemos vivificar o morto. A razão espiritual, porém, sendo de prefixo positivo, vitalizante, pode construir e reconstruir o que a inteligência destruiu; pode vivificar o morto.

\* \* \*

Voltando ao ponto de partida: todos os finitos, quer do mundo mineral e vegetal, quer do mundo animal, intelectual e espiritual, nasceram e nascem do seio do Infinito, uma vez que a íntima natureza do Infinito é *Essência eterna* que, sem cessar, se revela em *Existências temporárias*. Nenhuma filosofia digna deste nome pode negar esta verdade.

No plano das Existências, porém, há um processo evolutivo, automático nos setores inferiores do simples instinto; livre e espontânea nos setores superiores da consciência e liberdade. Essa liberdade consciente permite tanto evolução como involução, progresso e regresso, movimento ascensional e movimento descensional.

*Creação* e evolução são processos complementares, e não contrários ou adversários. *Crear* é dar início — *evolver* é continuar o que foi iniciado.

No plano dos finitos não há início, creação — há tão-somente continuação, evolução.

Não há creação sem evolução — nem pode haver evolução sem creação.

## CAPÍTULO 10

# Realidade integral — acumulador de força retensa

Um acumulador elétrico de alta voltagem não tem *luz*, nem *calor*, nem *movimento*. Tem tudo isto *potencialmente*, não tem nada disto *atualmente*. É *escuro*, *frio*, *imóvel*. Mas pode produzir luz, calor e movimento — três efeitos manifestos da causa imanifesta. A causa ou potência é o *ser* — os efeitos ou atos são o *agir*. O ser é a *essência* — o agir é a existência.

O *agir existencial* é uma manifestação do *ser essencial*.

O *ser essencial* é o *Todo* — o *agir existencial* é uma parte, ou melhor, uma manifestação parcial do Todo Integral, imanifesto.

O Todo é o Transcendente, o Infinito, o Absoluto — as partes são os Imanentes, os Finitos, os Relativos.

A verdadeira natureza de um Ser é a sua potência, não são os seus atos.

O Ser *é* a potência — e *tem* atos.

Os atos são manifestações finitas da potência infinita, imanifesta.

A potência transcendente do Ser é infinitamente maior que todos os atos imanentes do seu agir.

Embora todos os atos existenciais dos Finitos estejam imanentes na potência essencial do Infinito, a soma total desses atos não perfaz a potência — supor isto é o erro do *panteismo*; negar a imanência dos atos finitos na potência infinita, é o erro do *dualismo*.

Somente o *monismo* faz jus à mais rigorosa lógica, admitindo a imanência de todos os atos finitos na potência infinita; reconhecendo que o Transcendente está finitamente no Imanente, e infinitamente além de todos os Imanentes.

Em linguagem oriental: Brahman é infinitamente em si mesmo e está finitamente em Maya (Natureza). Em si mesmo Brahman *é*, e não *está* (ele é o *Sein*, mas está no *Dasein*). Brahman *é* a Transcendência e *tem* Imanência. Ser é absoluta Transcendência, *estar* (ou ter) é relativa Imanência. A *Causa* está no *causado*, e o *causado* está na *Causa* — mas a *Causa* não é o causado, riem o causado é a *Causa*. Graficamente expresso, seria-assim:

1) Causa > causado, ou: causado < Causa; mas não:
2) Causa = causado, nem: causado = Causa.

A primeira equação representa o *monismo*; a seguinte equação, o *panteismo*.

O *dualismo* pode ser expresso do modo seguinte:
Causa X causado, ou: causado X Causa, significando o sinal X a idéia de separação.

A potência infinita (Transcendente) não é *idêntica* aos atos finitos (Imanentes), nem é *separada* deles, mas a potência é *distinta* dos seus atos, ao mesmo tempo imanente neles e transcendente a eles.

Quando a eletricidade se acha em estado Imanifesto, como no acumulador, é ela uma *força intensa e retensa*, e neste caso não a percebemos em forma de luz, calor ou movimento; só começamos a perceber a força retensa quando ela sai do reduto da sua escuridão, frialdade e imobilidade, revelando existencialmente, em luz, calor ou movimento, parte da sua essência. Só os atos polarizados é que nos revelam a potência impolar. Só conhecemos algo do Todo (não o Todo!) graças às suas partes; só conhecemos algo da Causa Essencial graças aos seus efeitos existenciais. Conhecemos algo do Íntegro graças às suas desintegrações. Adivinhamos algo do Grande, do Puro, do Genuíno, graças às suas reduções, diminuições e degradações.

A Realidade Integral é, para o nosso ego, o Vácuo, o Nada, o Irreal. As Realizações Parciais nos são acessíveis como Algos. Os nossos sentidos e a nossa mente funcionam como válvulas de redução e dispersão, assim como o diafragma da câmera fotográfica, que permite a entrada de um pouco de luz, para que esse misto de luz e trevas, de positivo e negativo, produza contraste e relevo na imagem; se abríssemos o diafragma totalmente, entraria a luz solar total, e, nesse caso, por excesso de luz, não se formaria imagem; a imagem exige diminuição de luz, luz parcial. Essa imagem corresponde ao nosso conhecimento.

Assim é o conhecimento físico-mental do homem: uma redução, um misto de luz e treva, de positivo e negativo, de saber e de ignorar. As faculdades do nosso ego funcionam como válvulas de redução e dispersão, entre a luz da Realidade Total e o nosso consciente, permitindo certo grau de conhecimento.

Por isto, em hipótese alguma, o nosso conhecimento *sobre Deus* é a própria *Realidade de Deus*, a Divindade. Se eu compreendesse a própria Realidade da Divindade de Deus, de duas uma: ou eu seria a Divindade, o Todo — ou seria reduzido ao Nada, porque "ninguém pode ver a Deus e ainda viver", porquanto "Deus é um fogo devorador" (Bíblia). Nestes casos, entende-se por Deus a Divindade. O Algo que enfrentasse em cheio o Todo, ou seria esse Todo e se identificaria com o Real — ou então seria reduzido ao Nada Irreal pelo veemente impacto desse Todo Real. Quem contemplasse em cheio o globo solar, nada veria, por excesso de luz e deficiência de visão, porque a veemência da luz aniquilaria a capacidade visual da retina. A luz solar só é benéfica quando percebida através de certas válvulas de redução e dispersão que a natureza nos deu e que funcionam como um diafragma ou como um prisma.

Nós só conhecemos o *nosso* Deus, mas não a *Deus*, a Divindade. É possível que nos aproximemos de Deus cada vez mais, mas é impossível que nos identifiquemos com a Divindade e continuemos a existir individualmente — nem é possível que nos separemos do Universal e continuemos a existir individualmente. Tanto a *eutanásia* da pretensa identificação com o Todo, como o suicídio da separação do Todo, destruiriam a existência do nosso indivíduo e nos reduziriam ao Nada, seja ao *Nada da Plenitude do Real*, seja ao *Nada da Vacuidade do Irreal*. O nosso Algo Individual deve manter-se eqüidistante do Todo Universal e do Nada Universal — no limitado Algo do Existir Individual.

No Grande Todo Universal está a Infinita Potência da Luz, do calor e do Movimento, que em nós se manifestam parcialmente. A força intensa e retensa do acumulador Infinito pode causar tudo que está em sua Causa.

E os causados jamais esgotarão a potência da Causa...

M

## CAPÍTULO 11

# Entropia *versus* ectropia metafísica

A física dos últimos séculos provou que a entropia do Universo aumenta sem cessar, e, se ela atingir o seu clímax, cessará todo o movimento mecânico do Cosmos.

Que é *entropia*?

Entropia é a tendência que todo o movimento mecânico tem de se converter em calor; esse calor, porém, não é integralmente redutível a movimento. De onde se segue logicamente que, um dia, serão niveladas todas as diferenças térmicas do Cosmos, e com isto cessará todo o movimento.

Quer dizer que o Universo físico está marchando rumo a uma paralisação total, pelo fato de equilibrar ou nivelar paulatinamente todos os seus desequilíbrios ou desníveis calóricos. A ciência moderna não conhece nenhum processo capaz de desnivelar novamente o calor cósmico nivelado. O nosso Universo, dizem os cientistas, terá de morrer fatalmente por entropia. Quando a entropia atingir o seu zênite, o movimento do Cosmos, descerá ao seu nadir — e adeus, glórias do Universo!...

\* \* \*

Ultimamente, porém, surgiu a idéia de uma anti-entropia, chamada *ectropia*. Essa tendência ectrópica atua em sentido contrário à entropia: em vez de diminuir, aumenta cada vez mais as diferenças de nível entre os fatores responsáveis pela vida do Cosmos.

A entropia mortífera atua no Universo *inconsciente* — a ectropia vivificante opera no plano do Universo *consciente*. O inconsciente representa *quantidade passiva* — o consciente significa *qualidade ativa*. E, como no Universo tudo é mutuamente complementar, pode a qualidade ativa contrabalançar a quantidade passiva.

A qualidade ativa do consciente é representada aqui na terra pelo homem, e em outras partes do Universo por outros seres conscientes.

Ora, é um fato histórico inegável que a *consciência individual* do homem se intensifica cada vez mais. No princípio da evolução do indivíduo e da raça, reina a consciência *gregária*, o senso global do rebanho, da tribo, do clã, do grupo. Pouco a pouco surge a consciência do *ego*, da persona. E, por fim, nasce a consciência do Eu, do indivíduo (indiviso em si e indiviso do Universo), que é o reflexo direto do Cosmos.

O homem de hoje possui uma diferenciação do consciente incomparavelmente maior e mais nítido do que a maior parte dos homens de séculos e milênios passados. O homem moderno, pelo menos a elite, superou, em grande parte, a consciência primitiva do *rebanho*, e despertou para a consciência da *persona* (ego), e os melhores dentre nós estão em luta por uma consciência ultra-personal, uma consciência de *indivíduo* (Eu).

As antigas *monocracias*, que representavam o espírito gregário de rebanho, passaram para o plano das *democracias*, onde impera o espírito personalista do ego; e há por toda a parte indivíduos de que os mais avançados vislumbram ao longe a alvorada de um novo regime, que denominamos *cosmocracia*, que será o governo pelas leis cósmicas, que, no indivíduo, se chama a consciência espiritual do Eu ou da consciência cosmica.

Estamos, evidentemente, em um plano ascensional, em uma progressiva individuação da antiga consciência tribal ou gregária, superando mesmo a consciência personal do ego. Verdade é que não atingimos ainda — salvo raras exceções — as alturas da consciência cósmica do Eu crístico, mas estamos a caminho entre esta e a velha consciência personal e gregária.

As monocracias viviam sob o signo de *autoridade-obediência*, e isto lhes conferia segurança, embora à custa da liberdade.

Com o fim da Idade Média morreram praticamente as monocracias, que marcavam a infância da humanidade. A Renascença inaugurou as democracias, que representam a adolescência do gênero humano, substituindo o binário autoridade-obediência pelo lema *personalidade-liberdade*. E surgiu, em vez de uma segurança sem liberdade, uma liberdade sem segurança.

Na cosmocracia há liberdade com segurança e segurança com liberdade; o homem seria seguramente livre e livremente seguro. A cosmocracia, nascida da consciência cósmica individual, é o máximo de *individualidade* com um máximo de *universalidade* — fatores esses incompatíveis no plano inferior da monocracia e da democracia. Na cosmocracia, a dolorosa disjuntiva "segurança ou liberdade" culmina na gloriosa conjuntiva "segurança e liberdade", porque há uma perfeita fusão orgânica entre *autoridade* e *personalidade*.

A cosmocracia, nascida da consciência cósmica do homem, representa o máximo de *diferenciação* da consciência individual, juntamente com um máximo de *integração* na ordem universal.

Com outras palavras: na cosmocracia do homem cósmico, a diferenciação de nível consciente atinge o seu clímax — creando o máximo de ectropia consciente.

Ora, se no mundo inconsciente-mecânico a progressiva entropia ameaça paralisar todos os movimentos do Universo, no mundo consciente-orgânico a crescente ectropia garante um fator dinâmico cada vez maior, contrabalançando assim, pela intensificação da vida, as decadências da morte, creando um *crédito ativo* contra os *débitos passivos* e garantindo assim o equilíbrio do Universo.

Se o Cosmos não fosse um Todo Orgânico, não seria possível essa compensação do *deficit* da entropia pelo *superavit* da ectropia. Mas o Cosmos é um Todo interdependente e mutuamente compensativo, e por isto é possível a indefectível estabilidade do Universo.

O nivelamento mortífero das energias mecânicas pela entropia é sustado pelo incessante desnivelamento vital das energias orgânicas da ectropia.

O homem e outras creaturas conscientes do Universo, representam a garantia de uma indefinida estabilidade do cosmos. Os demiurgos de ontem são os demiurgos de hoje e de amanhã; o crearam que eles também o poderão re-crear e manter. O consciente dos seres superiores em contínua ascensão compensa o inconsciente dos seres superiores em incessante descensão.

Ectropia é qualidade dinâmica (espiritual, livre).
Entropia é quantidade mecânica (material, não-livre).
O Uni-verso é *ectropia intensiva* mais *entropia extensiva*.
Voltagem + amperagem.
Força + movimento.
Ativo + passivo.
Dativo + receptivo.

O aspecto *diversitário* (verso) do Universo, sendo quantitativo, tende à involução da deterioração — ao passo que o fator *unitário* (uni) tende à evolução do aperfeiçoamento. E, como esses dois fatores não são contrários, mas complementares um do outro, segue-se a indefectível estabilidade do cosmos, enquanto a ectropia consciente do livre-arbítrio dinâmico contrabalançar a entropia inconsciente do mecanismo causal da natureza.

Não teria Pauso de Tarso tido uma longínqua intuição deste processo quando, em meados do primeiro século da nossa era, escrevia aos cristãos de Roma as palavras estranhas que lemos no capítulo 8 da sua Epístola aos Romanos? "Os anseios da natureza são anseios pela revelação dos filhos de Deus. A natureza foi sujeita à corruptibilidade, não por vontade própria, mas por aquele que a sujeitou. Mas a natureza tem esperança de ser libertada da escravidão do corruptível e alcançar a gloriosa liberdade dos filhos de Deus. Com efeito, sabemos que toda a creatura geme e sofre dores de parto até ao presente."

Se o homem, em virtude da sua falta de consciência espiritual, decaiu e, como chefe da natureza telúrica, arrastou consigo o mundo inconsciente, e só ele que, em virtude da intensificação da consciência espiritual, poderá redimir a natureza. Neste sentido, conclui o apóstolo: "Nós, que recebemos as primícias do espírito, ansiamos pela filiação divina: a redenção do nosso corpo."

Essa redenção do corpo, pela imortalidade, graças ao poder do espírito divino em nós, será a vitória da ectropia vitalizante sobre a entropia mortífera. O espírito creador, que foi o demiurgo ("creador subalterno") do mundo, será também o redentor desse mundo — pela culminância da ectropia.

# CAPÍTULO 12

# Intransitivo, transitivo, reflexivo

### (Brahman, Maya, Atman)

A fim de compreender a realidade do Universo, deve o homem assumir atitude correta em face da Realidade Total.

A Realidade Total, porém, o Uni-verso, consiste no seguinte:

Há o eterno UNO, que se manifesta em sucessivos DIVERSOS, uma vez que o UNI-VERSO é precisamente o que seu nome diz: UM em DIVERSOS.

O UNO é a Causa eterna, infinita, universal, a qual é, de *per si*, Imanifesta, Intransitiva, o puro SER, a ESSÊNCIA como tal, a qual, para nós, é inatingível, na sua longínqua Transcendência. Só a percebemos em propínqua Imanência, isto é, nós, os finitos, só percebemos o Infinito finitamente, uma vez que o recebido está no recipiente segundo a capacidade do recipiente. O finito só pode perceber o Infinito finitamente.

Sabemos algo de Deus — ignoramos totalmente a Divindade.

Quando o homem, ou outra creatura qualquer, adquire noção ou consciência desse Uno Imanifesto, já deixou a Causa de ser pura Essência e passou a revelar-se como Existência; passou da sua estrita Unidade para a Pluralidade; o Infinito Imanifesto de Brahman se desdobrou nos Finitos Manifestos de Brahma e Maya; o Todo Uno e Único dispersou-se em Algos Múltiplos.

\* \* \*

Ora, como vimos em capítulo anterior, a Unidade da Essência se manifesta, em primeiro lugar, em uma Dualidade, que representa a mais alta das Existências, e aparece nas diversas línguas, religiões e filosofias, como sendo o *Adi-Atman*, o *Protótokos* (Primogênito), o *Lógos*, o *Déuteros Theós* (Segundo Deus), o *Cristo Cósmico*, anterior aos mundos visíveis e invisíveis.

Dessa suprema Dualidade nasce, depois, a Pluralidade da Natureza, que, na filosofia oriental, se chama Maya, contração de Maha-ya, que quer dizer "grande afirmação". A Natureza é a grande afirmação, o grande "ya" (ou "sim") de Brahman, a manifestação do Imanifesto. A Natureza *revela* Brahman, por ser o seu grande "sim" (ya); mas, como todo finito só pode revelar finita e imperfeitamente o Infinito, Maya também *vela* (oculta) Brahman. Quando o homem, contemplando Maya, pensa, insipientemente, ser ela a revelação total de Brahman, é ele vítima de ilusão — daí a freqüente tradução de Maya por "ilusão". Mas, quando o homem, sapientemente, tem consciência de que Maya é apenas uma revelação parcial e imperfeita de Brahman, então é a Natureza para ele um "grande sim" (Maha-ya) da Divindade, uma escada e um auxílio por onde ele vai à suprema Realidade do Universo.

Assim, o Intransitivo da Essência se torna Transitivo na Existência; o Uno Imanifesto se manifesta como Pluralidade — e o Uni-verso é exatamente o que seu nome diz: um em diversos.

Se o Uno não se pluralizasse nos Diversos, seria ele uma Causa passiva, inoperante, uma Causa não-causante, o que, na realidade, não seria Causa.

Se, por outro lado, os Diversos não nascessem do Uno, seriam efeitos sem Causa, o que é intrinsecamente contraditório e impossível.

A Realidade total, portanto, é o Uno da Causa que se revela nos Diversos dos efeitos.

\* \* \*

No Gênesis, atribuído a Moisés, o Uno é chamado o "espírito de Deus" que "incubava sobre o abismo", em grego "cháos". Abismo, "cháos", vácuo, treva, simbolizam as potencialidades anteriores à sua atualização. O "cháos" era como que o seio materno fecundado pelo espírito criador e do qual nasceria o *"kósmos"*. Por isto, o espírito de Deus "incubava" sobre esse vácuo promissor. A tradução "pairava" não reproduz o sentido exato do texto original hebraico. O termo "incubar" é tomado da ave-mãe que pousa sobre os ovos a fim de despertar neles, com o calor do seu calor do seu corpo (amor), a vida potencial do germe, atualizando essa vida até sua plena eclosão. Se a ave "pairasse" sobre os ovos, sem o devido contacto corporal, não haveria eclosão da vida latente. É necessário o contacto direto.

Segundo o Gênesis, o espírito de Deus (o Uno, o Imanifesto, Brahman) "incubava" o "cháos", o abismo das potencialidades cósmicas, a fim de atualizar essas potencialidades dormentes e transformar o *"cháos"* em *"kósmos"*.

Santo Agostinho, no seu livro *"De Genesi ad litteram"*, fala das "sementes cósmicas" que dormitavam no seio fecundo do "cháos" e que, mais tarde, despertaram em virtude dessa vivificante incubação do espírito divino.

Esse "cháos" era o Nada da Existência Individual, idêntico ao Todo da Essência Universal. Se dissermos que o mundo foi criado do Nada, devemos subentender o *Nada da existência*, que é o *Todo da Essência*. O mundo nasceu do *Todo do Ser*, que é o *Nada do Existir*; emanou da plenitude do Ser, que é a vacuidade do Existir.

Quando um indivíduo nasce, passa do Ser Infinito para o Existir Finito, do grande Todo para o pequeno Algo; e, enquanto permanece nesse plano do Finito, o indivíduo "existe" (*ex-siste* = está colocado para fora); quando morre, deixa de existir, mas continua a ser, porque o que é será para todo o sempre. O Ser não tem princípio nem fim; somente o existir começa e termina o seu processo existencial. Quando o indivíduo morre, volta ao seio do Mar imenso do Ser Universal; a onda recai ao seio do Oceano; o *sansara* do existir regressa ao *nirvana* do Ser.

Todas as creaturas, antes de serem creadas, estão no Ser Universal; ao nascerem passam do Ser para o Existir, e, enquanto vivem nesse plano, têm existência no tempo e no espaço; depois des-existem (de-sistem da existência) e voltam ao Ser Universal.

A Filosofia oriental diz que Vishnu e Shiva, os deuses creador e destruidor, "exalam" e "inalam" as creaturas e os mundos; o "exalar" é o crear ou dar existência individual — o "inalar" é des-crear ou destruir a existência individual.

Na Física, nada se crea, nada se aniquila, tudo se transforma — na Metafísica, algo se crea e se aniquila, no sentido de que o não-existir passa para o existir, e vice-versa.

Nascer, existir e morrer — é este o incessante processo e eterno retorno de todas as coisas creadas, de todos os Diversos Manifestados pelo grande Uno Imanifesto. Os Diversos são as ondas, pequenas e grandes, que sobem (nascem), permanecem por algum tempo (existem) e descem (morrem) — mas o Oceano do Ser que subjaz a essas ondas é sempre o mesmo, eterno, imutável em sua essência, indiferente ao jogo irrequieto das trêfegas ondulações no seu vasto dorso; as profundezas do Oceano não são afetadas por esse vaivém da sua superfície.

O Intransitivo da Essência produz os Transitivos das Existências — mas ele mesmo é o Uno Imutável, Intransitivo.

O Uno Intransitivo é como que um ponto fixo, indimensional, atômico, pura qualidade, ponto do qual partem inúmeros raios rumo às periferias. Esses raios divergentes estão radicados no centro creador e dele inseparáveis; são como raios solares emitidos pelo sol e a ele unidos; no momento em que um raio solar se separasse do sol, deixaria de existir.

\* \* \*

Surge, porém, a magna pergunta: se algum desses indivíduos finitos, dessas ondas na superfície do Oceano Cósmico (Brahman, Divindade) pode perpetuar a sua existência individual — ou se todos eles devem necessariamente deixar de existir individualmente, recaindo ao *nirvana* absoluto do Ser Universal.

Afirmam os grandes mestres da humanidade, sobretudo o Cristo, que há seres individuais que, em certas circunstâncias, podem perpetuar a sua existência individual — suposto que: 1) sejam indivisos em si mesmos, 2) sejam indivisos do grande Todo.

Todo indivíduo, mesmo no mundo animal, vegetal e mineral, é indiviso, não separado, do grande Todo, do Ser Universal, e por isto mesmo é imortal como Ser; mas nenhum desses seres é *indiviso em si*, nenhum deles possui estrita individualidade ou indivisibilidade em sua íntima natureza de animal, vegetal ou mineral. Todos esses seres infra-humanos sofrem da tara da divisibilidade, e como divisibilidade implica em mortalidade, todos os seres infra-humanos são mortais por falta de suficiente indivisibilidade ou individualidade. Embora inseparáveis do grande Todo Cósmico, não são inseparáveis dentro de si mesmos; não possuem suficiente indissolubilidade individual, unidade intrínseca, para resistirem ao impacto de fatores dissolventes.

Somente quando um indivíduo atinge o mais alto grau da sua unidade, quando ele se torna 100% indiviso e indivisível (*atômico*, diria Demócrito) é que o zênite da sua força centrípeta consegue afirmar a sua indissolubilidade unitária contra todas as forças centrífugas dos fatores dissolventes diversitários.

Esta coesão e unidade máxima do indivíduo humano, creada

pela consciência "eu e o Pai somos um", e chamada pelo Cristo o "renascimento pelo espírito".

Quando o homem nasce em virtude das forças vitais, adquire ele um corpo material, que se dissolve pela morte.

Em virtude da sua força mental, adquire o homem um corpo astral, que sobrevive por algum tempo à morte corporal, mas não é imortal.

Somente o renascimento espiritual é que crea no homem um corpo indestrutível, o corpo-luz, que possui o máximo de vibração, intensidade, e por isto não sucumbe ao impacto de vibrações inferiores.

De maneira que a suprema unidade da consciência espiritual "Eu Sou", torna o indivíduo humano indiviso e indivisível, isto é, indestrutível ou imortal.

Esta consciência espiritual do "Eu Sou" é um processo reflexivo, em que o homem-objeto, o ego, se torna o homem-sujeito, o Eu. O velho "eu tenho algo" se converte no novo "eu sou alguém"; o temporário existir se integra no eterno Ser, e desse consórcio do existir e do Ser nasce o indivíduo imortal.

O Ser é imortal por natureza.

O existir é mortal por natureza.

Mas, quando o existir se integra conscientemente no Ser, pela vivência íntima "Eu Sou", "Eu e o Pai somos Um" — então surge o maravilhoso fenômeno do *Ser-existencial* ou do *Existir-essencial*, que é o *Homem Eterno*, o Homem Imortal, a Existência finita permeada pela Essência Infinita.

Toda a dificuldade desse processo de "renascimento espiritual" está na inexperiência do homem profano. O homem profano é tradicionalmente centrífugo, extraverso, dispersivo; todas as suas energias são canalizadas rumo às periferias dos sentidos, da mente e das emoções; centralizar-se em seu Eu real e eterno é, para o homem comum, quase impossível. E por isto, não chega ele a condensar devidamente a sua consciência em um foco único e atômico. Uma lente de vidro colocada na luz solar centraliza a luz e o calor, mas o máximo da luz e do calor só se manifesta no foco indimensional, onde a quantidade é mínima e a qualidade é máxima. Para o homem habitualmente centrífugo é dificílimo esse centripetismo espiritual, e por isto lhe faltam luz e calor para o processo do "renascimento espiritual".

Todo cientista sabe que diamante e carvão são a mesma substância básica: carbono. A diferença está apenas na maior ou menor concentração do carbono. Carbono altamente concentrado é diamante, baixamente concentrado é carvão. Este é facilmente dissolúvel, aquele é praticamente indissolúvel.

O *Reflexivo* do Atman do homem espiritual é um regresso para o *Intransitivo* de Brahman através do *Transitivo* de Maya. É a grande Síntese que superou as Antíteses e atingiu a eterna Tese.

## CAPÍTULO 13

# O fenômeno "Homem"

O homem é o mais antigo habitante do planeta Terra, embora prevaleça a crença geral de que ele seja o mais recente. No estado *atual* da sua evolução, é verdade, é o homem um ser assaz recente; mas, como homem *potencial*, é ele antiquíssimo. E, como toda creatura é *realmente* o que ela é *potencialmente*, é perfeitamente exato afirmar que o homem é o habitante mais antigo da terra.

Felizmente, as descobertas da ciência corroboram grandemente a nossa afirmação. Fisicamente, pertence o homem à classe dos mamíferos superiores. Entretanto, qualquer cavalo ou vaca é adulto aos 3 anos de idade — ao passo que o homem atinge a plenitude da sua evolução corporal apenas aos 21 anos, levando 7 vezes mais tempo do que qualquer animal.

Por que essa diferença?

Principalmente por causa do *cérebro* humano, cujo desenvolvimento total exige período muito longo; e, para evitar a creação de um monstro, obriga a Natureza o organismo do homem a realizar evolução extremamente lenta, a fim de correr paralela ao desenvolvimento do cérebro.

O animal também tem cérebro, mas sem a função específica do cérebro humano. *Anatomicamente*, é o cérebro do mamífero superior semelhante ao cérebro do homem, *funcionalmente* há uma diferença profunda. O cérebro humano produz e capta vibrações de outra freqüência, de caráter *mental*, e até *racional*, vibrações essas incomparavelmente mais sutis do que as vibrações sensoriais do cérebro animal. Devido a essa diversidade essencial, não há exemplo de que uma "inteligência animal" se tenha, alguma vez, desenvolvido em inteligência humana. Mesmo o mais inteligente dos animais, adestrado pelo homem para certos trabalhos e acrobacias, recai invariavelmente ao estado natural dele quando o treino cessa e o animal é deixado a sós, prova de que a sua "inteligência" era heterônoma, e não autônoma, como a do homem; era apenas um reflexo extrínseco da inteligência humana, e não uma inteligência com sede intrínseca na própria natureza específica do animal. A inteligência animal está inteiramente a serviço da biologia individual e sexual de seu dono, ao passo que a inteligência humana pode atingir as mais excelsas culminâncias da abstração universal. Nunca nenhum animal se deu ao trabalho "estéril" de calcular a distância entre a terra e o sol, medir a velocidade da luz ou investigar a trajetória dos elétrons ao redor do próton atômico.

* * *

Ora, para crear uma estação emissora e receptora da potência do cérebro humano, são necessários cerca de 21 anos. Mas como a história do indivíduo é a recapitulação da história da raça ("a ontogênese é a repetição da filogênese"), segue-se que a espécie humana como tal levou cerca de 7 vezes mais tempo para a sua atual evolução do que qualquer animal.

Há milhões de anos e de séculos, já vivia sobre a face da terra a espécie "homem", não na sua forma atual, e claro, mas em forma potencial.

O homem-ameba era homem.
O homem-molusco era homem.
O homem-peixe era homem.
O homem-lemur era homem.

E se, algum dia, o homem-hominal de hoje transformar o seu corpo material e visível em um corpo imaterial e invisível, ainda será homem. O corpo luz do homem imortalizado é um verdadeiro corpo humano.

O Cristo, cujo corpo era ora material, ora imaterial, ora visível, ora invisível, era verdadeiro homem, era até o "filho do homem", quer dizer, o "homem por excelência", o "pleni-homem", o "homem-cósmico".

De resto, os dados da biogenética confirmam a tese da biologia: o corpo humano, durante os 9 meses da sua vida intra-uterina, percorre, rapidamente, todas as fases da sua evolução racial, desde a ameba unicelular, através das formas orgânicas de verme, molusco, invertebrado, peixe, mamífero, até atingir a forma do corpo humano atual.

\* \* \*

É necessário darmos idéia clara sobre a palavra "potência" ou "potencialidade", que se diz transformar-se em "atualidade". É equívoca e inexata essa expressão "transformar". A potência não é, a bem dizer, inerente ao veículo finito, mas sim à Vida Infinita, a qual se serve de certos veículos finitos para se manifestar (parcialmente) no plano dos efeitos individuais. O corpo unicelular da ameba não encerra a potência de crear o corpo pluricelular do molusco, do peixe, do mamífero, do homem. Essa potência é, na realidade, o Infinito, a Essência Imanifesta, a Vida Universal do Cosmos, que se revela (parcialmente) através de algum veículo e aparece como Existência Manifesta. Essa forma existencial da Essência varia de espécie a espécie, de grupo a grupo, de indivíduo a indivíduo.

Na espécie "homem" encerrava essa forma existencial o mais alto grau de potencialidade, porque este veículo era de todos o mais idôneo. Se dermos ao mais perfeito dos minerais a potencialidade grau 5, ao mundo vegetal o grau 10, ao mundo animal o grau 20, teremos de admitir para a espécie hominal talvez a potência grau 100. Dizer que essa potência 100 estava "contida" nas potências 20, 10, 5, é o mesmo que abolir a lógica e a matemática. O *maior* não está contido no *menor*. Mas é fato que a potência maior (100) se serviu das potências menores (20, 15, 5) como canais e veículos para atingir o 100. O 100, porém, veio do $\infty$ (Infinito), assim como do mesmo Infinito fluíram todos os finitos, pequenos e grandes. Do $\infty$ veio não só o 100, mas também o 20, o 10 e o 5.

A diferença não está no *fato* de terem os finitos vindo do Infinito, mas tão-somente no *modo* como dele vieram, uns por caminhos mais curtos, outros por mais longos. O homem é de todas as creaturas a que está realizando jornada mais longa e diversificada — e ninguém sabe por onde o homem possa passar ainda em eras futuras...

A ciência provou a realidade desses canais condutores que veicularam o corpo hominal — não provou, todavia, que o homem tenha vindo do animal. Nunca um finito maior vem *de* um finito menor, embora possa vir *através* de finitos menores. Muitos dos nossos tratados de evolucionismo, e sobretudo certos compêndios colegiais, primam por uma estupenda falta de lógica, confundindo *causa* com *condição*, afirmando que o homem veio *do* animal, quando deviam dizer através do animal. E quando procuramos retificar esse erro, replicam-nos que estamos fazendo "jogo de palavras", porque fazemos distinção entre *de* e *através*. A lógica é coisa raríssima, mesmo entre homens chamados cultos.

A filosofia, expressão suprema da lógica, sabe que, em hipótese alguma pode o *maior* vir do *menor*.

Há também quem se recuse a aceitar o fato da evolução do corpo humano através de formas inferiores, por motivos *sentimentais* e *emocionais*; vêem desdouro no fato de ter o nosso corpo percorrido estágios tão imperfeitos...

Se o Infinito se dignou manifestar-se através de finitos de todos os graus, mesmo o mais imperfeito, como o corpo unicelular de um protozoário primitivo, será indigno do homem finito o que é digno do Universo Infinito? Qualquer forma finita é digna do Infinito; se assim não fosse, não teria ela aparecido.

* * *

Ultimamente, causaram grande celeuma as obras do jesuíta francês Teilhard de Chardin, que traça o itinerário evolutivo do homem através das zonas que ele denomina hilosfera (matéria), biosfera (vida), noosfera (intelecto) rumo à logosfera (razão) ; o homem começou no "ponto Alfa" e culminará no "ponto Omega". Muitos consideram esse paleontólogo como materialista, pelo fato de ver o início do homem na *hyle* (matéria) ; não compreenderam Teilhard de Chardin; a essência de todos os finitos é o Infinito, isto é, a Essência Divina, imanente em todas as existências, sem excluir a matéria. O que os materialistas chamam matéria são apenas os fenômenos perceptíveis dela; ninguém sabe o que é a matéria em sua essência invisível; e o X, a grande Incógnita, que nem os sentidos percebem nem a inteligência concebe. Esse X, o grande Além-de-fora, que é também o grande Além-de-dentro, é a essência Infinita. Se, pois, Chardin deriva o homem da matéria, deriva-o do Infinito; a matéria é apenas um canal, mas não é a Fonte de onde o homem fluiu. Aliás, quem não vê o Infinito imanente em todos os Finitos, não compreenderá Teilhard de Chardin, como não compreenderá a mensagem do Cristo, no Evangelho, quando diz: "O Pai está em mim, e eu estou no Pai ... O Pai também está em vós, e vós estais no Pai".

O homem veio do Infinito (criação), mas fluiu e flui ainda através de vários Finitos (evolução) — até, um dia, atingir o ponto culminante dos Finitos, o "ponto Omega", o Cristo Cósmico.

Esse processo evolutivo do homem é possível, porque o seu livre-arbítrio o isenta da cadeia férrea da causalidade mecânica, do escravizante alodeterminismo da natureza infra-humana. O livre-arbítrio é uma causalidade dinâmica, uma autodeterminação espontânea, a onipotência dentro do homem, a qual, uma vez plenamente acordada, torna possíveis todas as coisas impossíveis no plano inferior, porque é a Verdade Libertadora.

## CAPÍTULO 14

# O homem cósmico dormente no homem telúrico

Todas as grandes religiões e filosofias da humanidade afirmam que o homem não é, de fato, o que parece ser, no estado atual da sua evolução histórica.

O homem é o que pode vir a ser.

O homem é as suas *potencialidades imanifestas*, e não a sua *atualidade manifesta*. O seu verdadeiro *ser* é o seu *poder*, a sua potência.

A verdadeira *natura* do homem é a coisa na(sci)tura, isto é, aquilo que dele vai nascer e nele já está em gestação.

Com a natureza inferior — mineral, vegetal, animal — o homem tem de comum tudo que existe nesses planos. A única coisa que, de momento, o distingue do mundo inferior é a faculdade da *inteligência analítica*; no mundo infra-homimal existe apenas *inteligência biológica*.

Entretanto, existe no homem uma faculdade superior à própria inteligência, uma faculdade que nao se ocupa com os *objetos externos* e *suas leis*, como a Inteligência, mas gravita em torno do próprio *sujeito interno*, reflexo direto do Eterno e Universal.

A psicanálise parece estudar o homem-sujeito, mas, na realidade, se limita, geralmente, ao homem-objeto, isto é, à parte do homem que e o seu ego físico-mental-emocional, o homem-persona. Só nos últimos anos começou a psicologia de profundidade a ocupar-se seriamente com o homem-sujeito, o homem-Eu, o homem-alma, o homem-espírito, como provam as obras de Carl G. Jung, Erich Fromm, Victor Frankl, e de outros. Existem até certos psicólogos modernos que abandonam o homem-ego para se ocuparem exclusivamente com o homem-Eu, passando assim para o terreno da mística.

O homem inteiramente *profano* é 100% objetivo, extraverso.

O homem *místico* é 100% subjetivo, introverso.

O homem *cósmico* não é profano nem místico, mas universal; não é extraverso nem introverso, porém *oniverso*. Não troca a vida espiritual pela material, nem vice-versa, mas transforma e transfigura todo o mundo externo e visível pelo poder de seu mundo interno e invisível; e por isto não espera o reino de Deus no além, mas já o iniciou no aquém pela alquimia do seu espírito.

O homem *cósmico* não é ocidental nem oriental, mas universal. Realizou a grande síntese das duas antíteses: matéria-espírito.

Para o homem cósmico não existe uma "vida futura", mas existe uma vida única que, no seu estágio primitivo, se revela no homem *profano*, no seu estágio mais avançado no homem *místico*, até culminar no homem *cósmico*.

Para ele, a chamada "vida futura" está presente em todas as vidas, porque onipresente no universo.

O homem profano, devido à sua cegueira ou miopia, não enxerga o elemento imponderável dentro dos elementos ponderáveis.

O místico dissocia esses dois elementos, criando uma alternativa antitética "ou — ou".

O homem cósmico ingressou na Universidade do Infinito e aprendeu a estranha alquimia de penetrar com as vibrações do espírito os fenômenos da matéria, solvendo assim o problema central do homem e da humanidade.

\* \* \*

Entretanto, como a natureza "não dá saltos", deve o homem profano e extraverso passar pelo estágio do homem místico e introverso, a fim de chegar, um dia, à amplitude e profundidade do homem cósmico e oniverso.

O homem profano é comparável a uma linha *horizontal* — que é amplitude sem profundidade.

O homem místico parece-se com uma linha *vertical* — profundidade sem amplitude.

O homem cósmico lembra uma *esfera* — amplitude com profundidade.

O primeiro e o segundo têm apenas uma dimensão cada qual — o terceiro é tri-dimensional, oni-dimensional.

Quando o homem atinge essa oni-dimensionalidade cósmica,

então compreende ele porque o Nazareno se chamava a si mesmo o "filho do homem", hebraísmo que equivale a "homem integral", "homem por excelência", "homem cósmico", pleni-homem".

No Cristo, havia esse caráter cósmico atingido plena maturidade — nos outros homens, se acha em estado embrionário, como que em gestação, em uns mais, em outros menos diante do nascimento.

Quando o homem nasce para essa universalidade crística, então acontece no mundo algo de grande, um novo Gênesis — o "nascimento pelo espirito", a "nova creatura em Cristo".

Tentamos indicar e aplainar, nas páginas deste livro, os caminhos que o homem deve trilhar para se iniciar na senda do homem cósmico.

Dizemos "iniciar", porque, na vida presente, ninguém chega a se "finalizar", ou realizar plenamente; e, se alguém se tem em conta de plenamente realizado, lhe damos sentidos pêsames por essa funesta ilusão. A nossa plena realização levará séculos e milênios, mas a nossa iniciação pode começar hoje mesmo. O próprio apóstolo Paulo não acreditava ter atingido a "meta", mas lançava-se para frente a ver se dela se aproximava.

A iniciação é o fim dos *ziguezagues* desnorteantes, e o princípio duma *linha reta* orientadora. O homem profano vive oscilando da direita para a esquerda, sonhando sonhos e caçando sombras, que ele chama seus tesouros; ignora a razão-de-ser da sua existência e conhece apenas os objetivos da vida por ele inventados, como propriedade, família, profissão, prazeres, etc. E, como o profano não conhece a meta da sua existência, também não aplica os métodos para atingila, ziguezagueando à toa, sem destino certo.

O místico e o homem cósmico conhecem a meta, e aplicam certos métodos para alcançar, com a diferença de que aquele julga o mundo material inapto para servir de método, ao passo que este, penetrando a matéria com luz e a força do seu espírito, encontra também métodos no mundo visível e tangível.

O profano coleciona zeros e mais zeros, 000 000 000, guardando-os dentro de cofres-fortes de ferro e aço e fechados a sete chaves, para que os outros caçadores de zeros não lhe roubem o seu tesouro de magníficas nulidades. E, quando chega a ser milionário de zeros, julga-se um homem feliz...

O homem místico compreendeu o ilusório nihilismo desses zeros do mundo objetivo, e deles se afastou definitivamente, erguendo ao céu, em pleno deserto, a esguia vertical do seu solitário "1".

O homem cósmico descobriu que há uma estranha magia nos

zeros quando devidamente associados ao "um": 1 000 000 000. Descobriu que o "0", periferia sem centro, invólucro sem conteúdo, como a sua própria figura indica, pode ser plenificado pelo valor positivo "1", no caso que este lhe seja devidamente justaposto: 1 000, isto é, se o homem puser as vacuidades materiais ao lado direito da plenitude espiritual; mas ai do homem que puser os zeros do lado esquerdo do "um"! Este "um" será diminuído no seu valor, fracionando-se na proporção que os zeros à esquerda forem multiplicados: 000 000 000 1. O homem sapiente conhece a matemática cósmica, e jamais cometerá esse desatino.

Geralmente, o homem cósmico também passou pelos ziguezagues desnorteantes do profano; mas, em vez de lhes voltar as costas, desertando, como o místico, conseguiu tornar transparentes com a sua luz todas as coisas opacas do mundo material. De tão liberto interiormente, pode viver no mundo exteriormente. Iniciado na grande vertical do *nirvana*, mantém essa linha reta através de todos os ziguezagues dos *sansaras* das horizontais em derredor.

Muitos dos itinerantes humanos nunca focalizaram seriamente a meta da sua existência; vivem às cegas, sem rumo certo, e por isto a sua vida é uma falência em plena opulência.

Outros, semi-profanos, visualizaram a meta longínqua, mas não usam os métodos propínquos para atingi-la. Falam com entusiasmo em religião e filosofia; têm grandes idéias na cabeça e belos ideais no coração — mas falta-lhes a realização no setor da vida real. Recusam-se a cruzar a misteriosa fronteira que vai da cabeça e do coração às mãos e aos pés, porque esse cruzamento lhes parece uma crucifixão — e eles ignoram a força redentora da cruz...

Apenas uns poucos, pouquíssimos, começaram a realizar os métodos visando à meta, e, embora distantes ainda do termo final, caminham cheios de firmeza e alegria rumo ao Infinito. Bem sabem eles que qualquer finito em demanda do Infinito se acha sempre a uma distância infinita, mas isto não os desanima, porque sabem que a "vida eterna" não é uma "chegada", mas sim uma "jornada"; não um "estado" de eterno repouso estático, mas um "processo" de eterno pouso dinâmico — um eterno "conhecer a Deus", como disse o Nazareno. Não têm pressa em chegar, são felizes na consciência de se acharem no caminho certo rumo a seu grande destino, e nesse caminho certo cada átomo da jornada é um paraíso de inefável felicidade... Esses peregrinos do Infinito através de todos os finitos são os homens que "venceram o mundo", porque se iniciaram na vida eterna — e em cada um deles canta a vida eterna uma melodia de indizível beatitude...

## CAPÍTULO 15

# O homem cósmico e sua evolução multimilenar

O Universo Integral de que tratamos nos capítulos precedentes deste livro é *causa* e *efeito*, ou, mais precisamente, *causante* e *causado*. No seu aspecto *causante*, chama-se Essência, o Ser, o Absoluto, o Infinito, Brahman, Tao, Yahveh, Divindade, Actus Purus (Aristóteles), Eidos (Platão), Natura Naturans (Spinoza); a Realidade, dos metafísicos e místicos; o Pai dos céus, de Jesus.

No seu aspecto *causado*, o Universo são os mundos e todas as creaturas neles existentes.

O Universo-causante é onipotente, onipresente, onisciente, onipolar, Vida Universal; é a grande Tese, o Imanifesto, que, sem cessar, se manifesta em Antíteses e Sínteses, em Positivos e Negativos, em Vivos e Mortos. Dessas polaridades são feitos todos os mundos.

A Tese é comparável a uma linha única, ao passo que as Antíteses são como bifurcações, que se reúnem em Síntese, ou em uma reconvergência das divergências.

Essa distanciação das linhas divergentes e essa sucessiva intensificação da tensão creada pela polaridade dos seres é produzida pelo grau de consciência individual de cada ser.

Na zona infra-hominal, onde essa consciência individual é diminuta, não reina grande tensão polarizada, porque essa polaridade primitiva é bitolada pelo *instinto*, que é assaz limitado em suas possibilidades, encerrado, por assim dizer, em um círculo de ferro, que marca o ponto extremo aonde pode chegar a expansão do mundo mineral-vegetal-animal. O instinto funciona com o seguro automatismo de um disco de gramofone, que toca com infalível certeza todas as notas nele gravadas, nem mais nem menos. Por isto, o instinto, sendo automático, age com um máximo de *segurança* e com um mínimo de *liberdade*.

Com o advento do homem apareceu sobre a face da terra um novo fator que, na sua culminância, ultrapassou a lei de causalidade automática — a consciência da liberdade. Responsável por esse novo fator é o *individuo humano*, cuja primeira etapa evolutiva aparece como o *ego pessoal* criado pelo intelecto, e cuja fase superior se revela como o *Eu individual* criado pela razão; esse Eu individual é o próprio Lógos, ou Razão Universal, que, no homem, se reflete como o Lógos, ou a Razão individual, a *Imanência humana* da *Transcendência divina*.

Com o aparecimento do homem-intelecto, transformou-se o "disco do instinto" no "violino da inteligência", e com isto perdeu o homem em segurança o que ganhou em liberdade. No violino não há notas predeterminadas, como no disco de gramofone; o violinista tem de crear notas inexistentes, o que alarga enormemente o âmbito das suas possibilidades, mas diminui ao mesmo tempo a segurança e a infalibilidade da nota. Neste plano, instinto e intelecto estão em razão inversa.

Grande é no homem a divergência das linhas polarizadas, e tanto mais cresce a distância quanto mais evolve a personalidade do ego.

Mas, no auge dessa divergência antitética principia, em muitos homens, a grande Síntese, isto é, um movimento de convergência espontânea das linhas divergentes creadas pelo ego intelectual.

Essa convergência sintética é creada pela razão, base do Eu espiritual do homem.

O intelecto humano é *Lúcifer* — a sua razão é *Lógos*.[1]

Quando o homem atinge o máximo da sua síntese racional, então culmina a sua evolução no plano cósmico ou univérsico, que consiste na perfeita harmonização e integração de todas as suas potências individuais na ordem universal: *instinto* e *intelecto* sintonizam com a *razão*; a *besta* e *satan* servem ao Cristo, segundo a visão do autor, do Apocalipse.

E, como o instinto representa a segurança, e o intelecto a liberdade, desse império da razão resulta a perfeita consonância de segurança e liberdade; o homem cósmico é *seguramente livre* e *livremente seguro*. Nem o seu instinto nem o seu intelecto foram abolidos — ambos foram integrados e sublimados pela instância superior da razão.

Mas, antes de atingir essa universalidade cósmica, passa o homem, quase sempre, pelo estágio da *mística*.

---

[1] Ver o livro do autor "Lúcifer e Lógos".

O homem místico, depois de atingir o máximo do seu ego pessoal, crea, não raro, o pólo aparentemente contrário, isolando-se em uma zona puramente espiritual, considerando o espírito como sendo o oposto da matéria e seus derivados. E, como sentidos e intelecto andam, geralmente, de mãos dadas, porque operam no mundo objetivo, procura o místico opor-se a esse mundo físico-mental, refugiando-se a um mundo puramente subjetivo e interior, acabando em uma espiritualidade isolacionista. E, no afã de salvaguardar e intensificar a sua espiritualidade, acentua cada vez mais o seu anti-materialismo e seu anti-intelectualismo; professa o credo de que tanto mais espiritual é o homem quanto mais distante de todos os mundos inferiores. Daí o seu sistemático abandono das ocupações extravertidas — família, sociedade, comércio, indústria, profissão, ciência, técnica, etc. E, como a solidão interna é difícil sem o isolamento externo, procura o místico distanciar-se, também localmente, dos ruídos do mundo externo, vivendo em silêncio e solidão.

Essa tendência mística não é condenável em si mesma, como pensam muitos profanos; pois é um erro supor que o homem somente possa ajudar a seus semelhantes por meio de ação direta, visível e audível, trabalhando socialmente no meio deles. A atividade do verdadeiro místico — que não fugiu da sociedade por medo ou comodismo, mas para intensificar a sua voltagem espiritual — não se limita ao ambiente em que vive, mas irradia pelo mundo inteiro, como as ondas eletrônicas de uma poderosa estação emissora; não é necessário que saibamos onde exista a emissora, basta que sintonizemos o nosso receptor pela onda emitida, e seremos por ela beneficiados.

Outros, não menos místicos, têm a vocação peculiar de voltarem do seu silencioso *nirvana* com Deus para o ruidoso *sansara* ao meio do mundo e dos homens, realizando uma missão diretamente social. Esta missão, porém, só será realizada na razão que eles se conservarem interiormente solitários em Deus, enquanto exteriormente forem solidários com os homens. Toda e qualquer *alo-realização* deve estar radicada na *auto-realização*. Só pode realizar *algo* quem é *alguém*. Todo o nosso *fazer extraverso* depende do nosso *ser introverso*. A realização de algo, por maior que este algo pareça ser, é uma pseudo-realização, porque se move no plano das *quantidades* que, em si mesmas, não são reais — assim como zeros, por maiores e mais numerosos que sejam, não representam valor real, enquanto não forem associados devidamente a um valor autônomo, intrínseco, como, por exemplo, o algarismo "1", que simboliza *qualidade*: 000

000 = zero; 1.000.000 = um milhão. Qualquer alo-realização no plano do mundo objetivo é igual a zero; mas, quando radicada no valor qualitativo da auto-realização do sujeito, adquire valor. *Valor* e *realidade* dizem o mesmo; o que não é real não é valioso. — A qualidade subjetiva (auto-realização) é real e valiosa em si mesma ("a parte boa e única necessária de Maria, que não lhe será tirada"); a quantidade objetiva (alo-realização) não tem realidade em si mesma, nem valor; mas pode ser realizada e valorizada por influência da qualidade — assim como os zeros, nulos e vácuos em si, são plenificados pelo algarismo "1".

Quando o homem volta do seu *nirvana* solitário ao meio do *sansara* solidário da humanidade e do mundo, realizando a sua missão externa sem perder a sua união interna com o Infinito, então aparece o homem "*cósmico*".

A diferença entre *místico* e *cósmico* não é, pois, interna è essencial, mas apenas de exercício e e de modalidade, consoante a missão especial de cada um.

O que é essencial e indispensável é a experiência real e direta do mundo do Infinito, do Universal, do Eterno, do Todo, de Deus.

O homem profano não tem experiência desse mundo da Suprema Realidade.

Alguns profanos, embora ainda inexperientes, são *crentes* desse mundo divino — são os profanos de boa vontade. Outros, além de inexperientes, são também *descrentes* — são os profanos de má vontade.

Ser *crente* é um preliminar necessário para se tornar *experiente*.

Quem é crente no mundo da Suprema e Única Realidade tem "*fides*" (fé), isto é, "fidelidade" ao elemento divino e real dentro dele; e através dessa *fides* ou fidelidade ao "espírito de Deus que habita no homem", à "luz do mundo que nele está", chega ele, cedo ou tarde, à experiência direta e imediata dessa Realidade, dessa Luz, dessa Vida, desse Espírito Divino, que é a íntima natureza do homem.

O homem *profano* vive deste lado de uma muralha maciça e opaca que lhe intercepta e veda a visão da luz da Realidade; vive na treva da ignorância e não consegue destruir essa muralha.

O *místico asceta* derribou a muralha, ou conseguiu contorná-la, e assim enxerga a luz da Realidade, longe dos que habitam nas trevas da profana ignorância.

O *místico cósmico*, porém, deixa a muralha em pé onde está pois descobriu a suprema sabedoria de a tornar transparente como um cristal, de maneira que a muralha das coisas mundanas não só não lhe intercepta a luz da Realidade, mas até funciona como um catalizador dessa luz, como um prisma que dispersa em luzes multicores de poesia e beleza a luz incolor da verdade única.

Para tornar transparente pela luz do espírito a opacidade da muralha das coisas materiais requer-se uma luz muito mais intensa do que para contornar simplesmente a muralha opaca.

A experiência mística, sobretudo no seu supremo estágio cósmico, transforma, pela experiência do Deus do mundo, todas as coisas do mundo de Deus, "proclamando o reino de Deus sobre a face da Terra". É este o mais alto destino do homem: *alo-realização* através de *auto-realização*.

Essa auto-realização, porém, depende, em primeiro lugar, de um auto-conhecimento intuitivo e sapiencial. Deve o homem ter noção profunda e cabal da realidade essencial de si mesmo; e esse conhecimento sapiencial deve permear de tal modo a sua vida existencial, que todo o seu externo *agir* seja iluminado e vitalizado por seu interno *ser*. Em uma palavra: a experiência mística do homem deve transbordar espontaneamente em vivência ética.

Enquanto a vivência ética obedece ainda ao imperativo categórico do *dever compulsório*, subordinado à expectativa de um prêmio no céu ou ao temor de um castigo no inferno, é ela imperfeita, embora necessária; e essa ética pré-mística não pode deixar de ser difícil e sacrificial, e, portanto, insegura e descontínua.

Mas quando o dever compulsório é suplantado pelo *querer espontâneo*, liberto de qualquer expectativa de céu ou temor de inferno (como lugares objetivos), então essa ética pós-mística perde o seu caráter de difícil e sacrificial, e aparece como espontâneo e irresistível transbordamento de uma mística experiencial e, por isto mesmo, uma ética segura, contínua e deleitosa.

É esta a última e suprema etapa da evolução do homem, aqui e em outros mundos.

*Saber*, isto é, saber vital e experiencialmente; isto é *poder*.
*Não-saber* é *não-poder*.

Eu sou senhor de tudo que sei — eu sou escravo de tudo que ignoro.

"Tudo é possível àquele que tem fé", *fides*, fidelidade a seu Eu onipotente, ao seu Deus interno, ao seu Cristo vivente.

Mas, para poder ter essa fidelidade a mim mesmo, ao meu Eu onipotente, devo primeiro conhecer esse Eu, não apenas com a cabeça, intelectualmente, mas com todo o meu ser — "com toda a minha alma, com todo o meu coração, com toda a minha mente e com todas as minhas forças" — e então nada me será impossível, serei onipotente.

Conhecerei a verdade sobre mim mesmo — e essa verdade me libertará de tudo que, sem essa verdade, me parecia difícil e impossível. O impossível e o difícil vêm da insipiência — o possível e o fácil vêm da sapiência.

Sapiente da verdade sobre mim mesmo, sou onipotente.

## CAPÍTULO 16

# O Lúcifer pecador do intelecto e o lógos redentor da razão

O corpo humano não é essencialmente diferente do corpo dos animais superiores; tem os mesmos sentidos e as mesmas funções biológicas.

A grande diferença começa com o Intelecto e culmina na Razão — no Lúcifer mental e no Lógos racional.

Que é Intelecto? Que é Razão?

São faculdades tipicamente hominais, que não encontramos no animal. São antenas capazes de captar ondas *médias* e *curtas*, ao passo que os sentidos captam apenas ondas *longas*. O Universo é uma espécie de estação emissora que, sem cessar, emite vibrações de toda espécie. Os sentidos captam apenas as ondas longas dos objtos materiais; o Intelecto capta as ondas médias das leis imateriais que regem os objetos físicos; a Razão capta também as ondas curtas que irradiam da própria Causa Universal. Quem percebe o mais percebe o menos, mas não vice-versa. Por isto, os sentidos não são afetados pelas vibrações do mundo mental, e este não capta as vibrações do mundo racional ou espiritual.

Investiguemos mais de perto as funções do Intelecto e da Razão.

Pelo Intelecto descobre o homem as *causas individuais* que regem os fenômenos e os fatos objetivos da natureza. Essas causas se chamam geralmente *relações*.

Que é uma relação causal?

É um liame, um nexo, um vínculo que une duas coisas aparentemente desconexas, por exemplo, uma *semente* e uma *planta* por ela produzida. Se perguntarmos a um animal o que ele enxerga, dirá que só enxerga dois objetos, uma semente e uma planta — digamos, um coco e um coqueiro. Mas o homem percebe três coisas, porque, além dos dois objetos físicos e materiais, semente e planta, percebe um terceiro objeto, metafísico, imaterial: a relação. Devido a esse caráter imaterial da relação causal, certos filósofos acham que a relação é irreal, uma simples ficção da nossa mente sem nenhuma realidade objetiva. Entretanto, a relação é real, embora imaterial. Verdade é que não tem peso nem medida, nem forma nem cor, como os objetos materiais, mas é algo real, que a nossa mente descobre, e não produz.

Sobre essa realidade imaterial das relações causais é que assentam alicerces todas as grandezas típicas do gênero humano — ciência, arte, técnica, filosofia, ética, religião — nada disto existiria se o homem não fosse capaz de perceber a existência de relações entre duas coisas, causa e efeito.

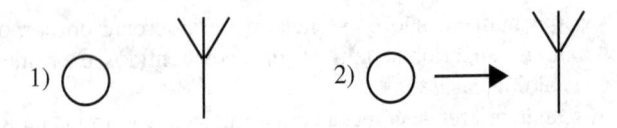

O animal só percebe *semente* e *planta*, como na figura 1.

O homem percebe *semente*, *planta* e *relação causal*, como na figura 2.

Para os sentidos, essa relação causal é um puríssimo nada, porque só existe para um cognoscente aquilo de que ele tem noção consciente. O consciente dos sentidos vai até onde vão a matéria e suas vibrações imediatas, e por isto a relação causal é para os sentidos inexistente, porque inconsciente.

Existente é aquilo que nos é consciente. O inconsciente é para nós, e outros, o inexistente. Nada sabemos do Absoluto em si — só sabemos do Relativo em nós. A Realidade Ontológica é para nós o Nada — somente a Realidade Lógica (a conhecida) é que é Algo.

Os sentidos *percebem* todos os objetos separadamente, sem nexo nem unidade:

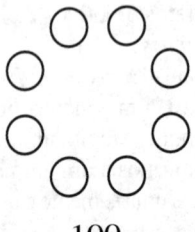

O Intelecto percebe, ou melhor, *concebe* (percebe com, em conjunto) os objetos com certo nexo unificador, embora essa unidade seja ainda imperfeita:

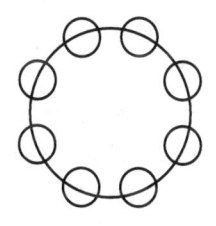

Esse modo de conceber unidamente os objetos, relacionados entre si por um certo nexo causal, se chama *inteligir*, do latim *inter-legere*, que quer dizer "apanhar por entre". O Intelecto apanha a existência de liames ou relações entre os objetos ou fatos materiais. O animal não lê ou apanha nada por entre os objetos; enxerga fisicamente uma semente e uma planta, mas não enxerga metafisicamente o invisível vínculo da relação causal entre esses dois objetos; não sabe *inter-legere*, *inteligir*, ler por entre, apanhar o nexo causal de permeio.

O Intelecto, como se vê, inicia o processo de *unificação* no meio da *diversidade* dos objetos e fatos; ele é unitário, mas não é ainda *universitário*; é apenas parcialmente *unitário* e parcialmente *diversitário*, porque percebe uma unidade imperfeita no meio da diversidade.

Existe, porém, no homem uma faculdade perfeitamente *universitária* ou unificante — é a sua Razão — em latim *Ratio*, em grego *Lógos*. Para a Razão unificante e centralizante teríamos de crear o seguinte diagrama:

Aqui temos uma causa *una* em efeitos *múltiplos* — a autêntica imagem do UNI-VERSO, Uno em Diversos.

Convém, porém, não esquecermos que a ordem lógica do *conhecer* é o caminho inverso da ordem ontológica do *ser*. Na ordem do *ser* (em grego *ôn, ontos*) há em primeiro lugar, fora de tempo e espaço, o UNO (Divindade, Brahman, Causa, Absoluto, Imanifesto), e depois vem a ordem do *conhecer* (em grego *lógos*) que, no tempo e espaço, aparece como diVERSO (Mundo, Maya, Efeitos, Relativos, Manifestos).

As *quantidades causadas* são produzidas pela *qualidade causante*, os (di) VERSOS são filhos do UNO, assim como o reflexo no espelho é produzido por algum objeto, que se acha em sentido oposto ao reflexo; de maneira quê, olhando para o reflexo no espelho, voltamos as costas ao objeto que o projetou, e vice-versa. Os efeitos creados estão em sentido oposto à causa creadora; de maneira que, para descobrirmos o *Real* (Divindade), temos de voltar as costas aos *Realizados* (Mundo). Mas esta polaridade das antíteses só vigora enquanto estamos sujeitos às categorias ilusórias de tempo e espaço, creação dos nossos sentidos, onde o Causante e os Causados, a *Causa* e os *Efeitos* parecem polarizados em sentido oposto um ao outro. Na realidade, porém, o Causante e os *Causados*, a Causa e seus Efeitos, não são duas coisas separadas nem hostis, mas o *Causado* é um aspecto parcial e incompleto do Causante; o Causado é uma visão *finita* da Causa *Infinita*.

Essa visão incompleta e parcial do Infinito não vem do Infinito em si, mas sim da imperfeição do percipiente finito, que só pode ver finitamente o Infinito, uma vez que o "percebido está no percipiente segundo o modo do percipiente". Para o percipiente finito, o Infinito não existe como Infinito, mas apenas como finito, isto é, aquele aspecto do Infinito com o qual o finito tem contato ou de que ele é consciente.

Sirva de ilustração o seguinte diagrama:

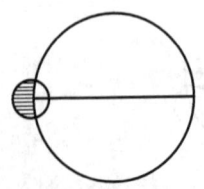

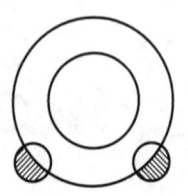

O segmento claro do finito (pequeno círculo) é a noção que o finito tem do Infinito (círculo maior) ; e esse segmento claro pode mudar, para maior ou menor, conforme o contato ou consciente maior ou menor que o finito tem do Infinito. Mas nunca o finito pode coincidir com o Infinito, embora esteja totalmente dentro dele, como acontece com o verdadeiro místico, que conhece com todo o seu ser finito o Infinito, mas não o conhece infinitamente; pode o místico ter do Infinito uma compreensão total com relação ao conhecedor finito, mas não total com relação a conhecido (ou melhor, desconhecido) infinito. Pode o pequeno círculo estar totalmente dentro do círculo grande, mas este não pode estar totalmente naquele.

Quando o finito é "perfeito" em sua finitude, assim como o Infinito é "perfeito" em sua Infinitude, então pode ele ver o Causante em todos os Causados, sem nenhuma *exclusão dissociativa*, mas com *inclusão associativa*, pode ver o Infinito nos finitos, o Deus do mundo no mundo de Deus, a Causa eterna nos Efeitos temporários, pode ver a Transcendência nas suas Imanências. Então deixará ele de ver o Real como que "em espelho e enigma, parcialmente", mas vê o Real "face a face, totalmente", com a totalidade do percipiente, embora não na totalidade do percebido (por ser o Infinito imperceptível ao finito percipiente).

Esse homem não mais necessita de voltar as costas à Causa a fim de ver os Efeitos, nem precisa abandonar os Efeitos para ver a Causa; ele é um vidente da Causa nos Efeitos e dos Efeitos na Causa, adora o Deus do mundo no mundo de Deus; reduziu a uma grandiosa Síntese Cósmica todas as pequenas Antíteses Telúricas.

O homem cósmico não é *materialista* nem *espiritualista*, mas *Universalista*, *Totalista*.

\* \* \*

Enquanto o homem continua no plano do *inteligir mental*, e não atingir o *compreender racional*, está ele sujeito à lei férrea da causalidade mecânica, de ação e reação (*karma*). Crea o seu *karma*, mas não o pode dissolver. Neste plano horizontal nada se crea e nada se aniquila, tudo se transforma.

Mas, se ultrapassar o plano horizontal do Lúcifer mental e entrar na zona vertical do Lógos racional, consegue neutralizar o *karma* que quiser (o negativo, doloroso, a culpa), porque ingressou nos poderosos domínios da *liberdade* — que é uma *causalidade dinâmica* — onde o *pecado mental* (e todo pecado é da mente ou do Lúcifer) é neutralizado pelo *redentor* racional (espiritual); o Lúcifer é superado pelo Lógos; os seus "muitos pecados lhe são perdoados, porque muito amou", "entrou a salvação em sua casa", "ainda hoje estará com o Cristo no paraíso", porque saiu do inferno do ego. A vertical única do *Espírito* cortou em pedaços e inutilizou definitivamente todas as horizontais múltiplas do *Intelecto*:

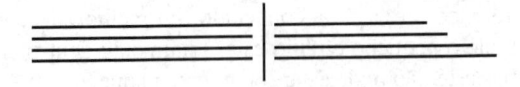

a grande massa *karmica* das culpas mentais, e suas penas correspondentes, foi destruída para sempre.

É esta a grande redenção do *ego luciférico* pelo *Eu crístico*.

A serpente rastejante da mente pecadora foi superada pela serpente alteada do espírito redentor — a *kundalini* mortífra se transformou em *kundalini* vivificante...

## CAPÍTULO 17

# Adi-Atman, primogênito, Lógos

Estas palavras, em diversas línguas e filosofias várias, dizem, no fundo, a mesma coisa. Simbolizam a mais alta *individuação* da *Realidade Universal*, a força creadora do Infinito Invisível que produziu o Finito Visível. Brahman, Tao, Yahveh, a Divindade representam o conceito do Inconsciente Passivo, Estático, Universal, o grande Oceano sem ondas, o Vácuo Inerte, o primitivo *Chaos* (palavra grega para "abismo", "vácuo"), a imensa Potencialidade que ainda não se atualizou, o puro Transcendente.

A primeira e mais alta manifestação dessa Realidade Imanifesta e Imanente mais próxima do Transcendente chama-se *Adi-Atman*, em sânscrito, a que a Bhagavad Gita dedicou todo o capítulo XI do célebre diálogo entre o príncipe Arjuna e Krishna. *Adi-Atman* (ou *Adhy-Atman*) quer dizer literalmente a "primeira alma", ou o "primeiro Eu". A alma é o Espírito Universal de Brahman (Divindade) em forma individuada; o Atman é Brahman em sua existência individual, e Atman como creatura de Brahman, a primeira e mais perfeita, creatura do Creador.

Paulo de Tarso, no início da sua epístola aos Colossenses, dá a essa mais alta individuação do Espírito Universal o nome feliz de *"Protótokos"*, isto é, "Primogênito", a primeira de todas as creaturas, coincidindo com a expressão sânscrita da Bhagavad Gita "Adi-Atman". A fim de explicar melhor o seu pensamento, Paulo descreve o "Primogênito" como sendo o "eikon" (imagem) do Deus invisível, afirmando que nele subsistem como em seu fundamento todo o Universo, o céu e a terra, as coisas visíveis e invisíveis, inclusive os tronos, as dominações, os principados, as potestades e as

105

demais hierarquias do mundo angélico; tudo, diz ele, foi creado pelo "Protótokos" e para ele; o "Primogênito" é "pró pánton", anterior a todas as coisas, e é nele que o Universo subsiste como um todo harmonioso; nesse "Primogênito" habita individualmente o "Pléroma" (plenitude) Universal.

João, o "discípulo a quem Jesus amava", descreve no quarto Evangelho, em termos altamente esotérico-metafísicos, esse mesmo *Adi-Atman* ou *Primogênito* de todas as creaturas como sendo o "Lógos que, no princípio, estava com Deus e que era Deus; pelo qual foram feitas todas as coisas e sem o qual nada foi feito do que se fez... E o *Lógos* se fez carne e ergueu habitáculo em nós, e nós vimos a sua glória, cheia de graça e de verdade"; e do seu "Pléroma" (plenitude) todos nós recebemos. O que João denomina o *Lógos a* Razão Cósmica, traduzido por *Verbo* pela Vulgata latina, é o mesmo *Adi-Atman* da Bhagavad Gita e o *Protótokos* ou *Primogênito* de Paulo de Tarso. Ele estava no "principio", isto é, no inicio dos tempos, intermediário entre a Eternidade da suprema Divindade e o nosso Universo visível; o *Lógos* é a força creadora da Divindade, a mais veemente irradiação dinâmica do Infinito rumo aos finitos a serem creados por essa energia cósmica. "Nele estava a vida — prossegue João — e a vida era a luz dos homens; a luz brilha nas trevas, e as trevas não a prenderam". A vida-luz, ou luz-vida, do *Lógos* entra no mundo tenebroso da matéria densa e semi-inerte e se difunde por esses mundos inferiores, mas esses mundos da treva material, permeados pela luz vitalizante do divino Lógos, não conseguiram prender (*katélaben*, em grego) extinguir, aniquila a luz da vida. O *Lógos* creador é, pois, anterior ao mundo material, anterior mesmo aos mundos imateriais das hierarquias angélicas, uma vez que "por ele foram feitas todas as coisas, visíveis e invisíveis". É evidente que João identifica o *Lógos* com o Deus-creador, embora o distinga da Divindade Universal, que é anterior ao "princípio", no tempo e no espaço.

\* \* \*

Certo dia, referiu-se Jesus ao patriarca Abraão como posterior a ele; ao que os chefes espirituais de Israel replicaram: "Como? Tu não tens ainda quarenta anos, e viste Abraão?". Sabiam eles que Abraão vivera cerca de 2000 anos antes do aparecimento do Nazareno. Jesus lhes respondeu: "Antes que Abraão fosse feito, eu sou".

Eu, quem? Evidentemente, não o Eu-Jesus, mas algum Eu anterior a Jesus e Abraão. Referia-se ele ao seu Eu-Lógos, que "era no princípio", ao Adi-Atman, ao Primogénito de todas as creaturas. Os teólogos da sinagoga nada compreenderam, porque, no seu obtuso exoterismo, nada sabiam da verdade esotérica do Cristo Cósmico, anterior ao Cristo Telúrico que apareceu aos homens deste planeta em Jesus de Nazaré. Os teólogos exotéricos do cristianismo eclesiástico, ao que parece, não aprenderam nada em dois milênios, continuando a marcar passo no plano rotineiro dos seus colegas do primeiro século.

Na última ceia, diz Jesus: "É chegada a hora, meu Pai! Glorifica-me agora com aquela glória que eu tinha em ti antes que o mundo existisse!"

Palavras estranhas! Quem tinha essa glória em Deus antes que o mundo existisse? Certamente não Jesus de Nazaré, esse filho de Maria, nem o Cristo Telúrico que se serviu de Jesus como de seu veículo e meio de materialização visível; não o "Verbo que se fez carne", mas sim o Verbo, o Lógos antes de se fazer carne em Jesus de Nazaré. Esse Lógos Cósmico, pré-telúrico, pré-histórico, tinha uma grande glória em Deus; despojou-se dessa glória do Cristo Cósmico, como Paulo de Tarso escreve aos cristãos de Filipes (Fil. 2,5 ss.) "e se revestiu de forma humana e, no exterior, apareceu como homem". No interior, porém, continuava a ser o Cristo Cósmico, encoberto pela humilde roupagem do Cristo-Jesus Telúrico. De vez em quando, por momentos, a intensa luz do Cristo Cósmico transparece dos invólucros do Jesus humano, como na transfiguração do monte Tabor, onde ele se tornou "mais luminoso do que o sol", livremente suspenso no ar.

Quando, repetindo as palavras milenares dos livros sacros, afirmamos que Jesus é o creador do mundo, esbarramos sempre com grande ceticismo, por que os nossos ouvintes ou leitores identificam esse Cristo com a pessoa humana de Jesus de Nazaré, ignorando a verdade sobre a existência pré-telúrica do Cristo Cósmico, "pelo qual foram feitas todas as coisas".

É dificílimo o cruzamento da invisível fronteira e barreira que medeia entre a *gnosis* meramente exotérica, horizontal, analítica, e a *gnosis*[1] esotérica, vertical, intuitiva. Até certo ponto, o ego intelectual é capaz de andar com suas forças próprias, inerentes à estreita natureza do seu *consciente personal*; mas, depois de atingir a extrema

---

[1] Gnosis (conhecimento) corresponde à *gupta-vidya* (visão secreta) dos hindus.

fronteira dos seus recursos pessoais conscientes, enfrenta o homem uma zona estranha, desconhecida, um mundo ignoto, vasto, misterioso. O pequeno ego consciente não pode invadir esse grande mundo do ultra-ego, supra-consciente — mas esse grande mundo pode invadir o ego, suposto que este lhe abra uma brecha, um ponto de invasão. Mas é precisamente aqui que principia o problema trágico da vida humana: o homem profano não quer abrir essa brecha, oferecer esse ponto de invasão ao misterioso mundo do ultra-consciente, do Ignoto, do Enigmático, porque o Ignoto se apresenta ao ego profano como um perigo mortífero, como um total aniquilamento, como uma destruição de todas as glórias e grandezas que o ego conquistou em alguns decênios de consciência individual, e em muitos milênios de consciência racial. Por isto, o ego profano recua, aterrado, da perigosa linha divisória entre seu mundo conhecido e esse novo mundo desconhecido. É a grande lei da "conservação do indivíduo" que atua. Se o ego profano, apesar desse instintivo terror em face do suposto aniquilamento, arriscar esse salto mortal para dentro do tenebroso abismo do Desconhecido, age ele em virtude de um instinto mais forte do que o instinto do seu ego pessoal; age em virtude do "instinto espiritual" do seu misterioso Eu Universal, que é a sua Essência Divina, ainda em estado de dormência ou semi-dormência.[2]

E este "instinto espiritual" se chama "fé", ou melhor, "fides", radical latino de "fidelidade". Quando o homem-ego consegue manter e despertar a fidelidade ao homem-Eu, ao elemento divino no invólucro humano, então tem ele "fé", "fides", fidelidade a si mesmo.

E então verifica o homem que foi invadido por uma luz e força do Além, e descobre com grande surpresa que esse Além, que parecia estar fora dele, e o grande Além dentro dele, o seu centro divino. E das alturas dessa excelsa atalaia da Verdade tudo é compreensível.

E esse homem sabe, finalmente, o que é o Cristo Cósmico, o Adi--Atman, o Primogênio de todas as creaturas, o Lógos.

Mas ... o que ele sabe são "árreta rémata" — ditos indizíveis...

◫

---

[2] Por isto diz a Bhagavad Gita: "O ego é o pior inimigo do Eu — mas o Eu é o melhor amigo do ego".

## CAPÍTULO 18

# Causalidade mecânica e causalidade dinâmica

A ciência provou que, no plano dos finitos, nada se crea e nada se aniquila, tudo se transforma.

De fato, isto acontece, na zona das coisas finitas, causadas, de que a ciência trata. Tudo que hoje existe, ontem existiu e amanhã existirá; o que varia são apenas as formas dos seus agregados, mas não o conteúdo. Um ser existente aparece como outro ser existente, porque os seus elementos constitutivos foram abandonados por um e assimilados por outro — mas não houve creação nem aniquilamento. A soma dos finitos continua a ser a mesma, invariável, como quando um jogador de xadrez ou de dominó faz constelações várias com as figuras ou peças, sem aumentar nem diminuir a soma total delas.

No plano do mundo objetivo dos finitos não há creação nem des-creação.

Entretanto, a filosofia sabe que há creação e des-creação.

Creação é a transcrição parcial do Infinito para o Finito — des--creação é o processo inverso: a transição do finito para o Infinito. O *Ser*, é verdade, não sofre aumento com a creação, nem diminuição com a des-creação ou o aniquilamento, porque o Infinito não tem graus, desconhece o *mais* e o *menos*. Mas o *Existir*, que são as formas várias do Ser, esse sim é suscetível de aumento e diminuição — e é disto que tratamos quando falamos em crear e aniquilar.

O *Lógos*, a Razão Cósmica, é a força construtora e destruidora do Universo.

No homem, essa força também é o *Lógos*, a sua Razão individual, o espírito cósmico que nele se chama o Eu, a "luz do mundo", o "espírito de Deus", a "alma", que se revela como *consciência livre-arbítrio*, etc.

Pelo poder do espírito, escreve Einstein, realiza o homem dentro de si mesmo valores ainda inexistentes, ao passo que, pela inteligência, descobre fatos já existentes.

O espírito é *creador* — o intelecto é *descobridor* e transformador.

Se há no homem semelhança com o Espírito Cósmico, então é pelo poder creador do livre arbítrio, função do seu Eu divino.

Essa força creadora do livre arbítrio não faz parte integrante dos elos da longa cadeia de causalidade, causa-e-efeito, ação e reação, que governam o mundo inferior. A causalidade passiva do ego físico-mental-emocional termina lá onde começa a causalidade ativa do Eu espiritual. O livre-arbítrio é *auto-determinante*, o resto é *auto-determinado*. Por este é o homem um *objeto agido*, por aquele um *sujeito agente*. Pelo livre-arbítrio auto-determinante forja o homem o seu destino, do qual ele é verdadeiro autor e causa real.

Videntes, ocultistas, quiromantes, astrólogos, etc., podem, até certo ponto, descobrir o que aconteceu ou acontecerá com uma pessoa, enquanto operam na zona da causalidade mecânica, onde elo pega em elo — assim como o cientista pode calcular qualquer eclipse do sol ou da lua, para o passado e para o futuro, porque se baseia na mesma lei de causa-e-efeito invariável. Mas, quando se trata da zona do livre-arbítrio, que é causalidade dinâmica, cessa toda a possibilidade de calcular o que o homem vai fazer, porque deixa de haver base para fenômenos isentos da servidão causal. Liberdade e causalidade mecânica acham-se em planos diametralmente opostos. Não negamos que circunstâncias e ambientes possam facilitar ou dificultar o exercício do livre-arbítrio; afirmamos que não são causa determinante nem pró nem contra. Nesta zona, o homem normal é independente, onipotente — é o seu próprio Deus.

Ele tem o poder de ser causa própria.

Exemplo recente dessa invulnerabilidade interna é a vida de Mahatma Gandhi, cuja soberana auto-determinação derrotou um mundo inteiro de oposição e alo-determinismo. A sua *satyagraha* (apego à verdade) não é senão um outro termo para a onipotência do livre-arbítrio, que culminou na libertação pacífica da Índia.

É aqui que falham todas as religiões e filosofias que pretendem fazer depender a redenção final do homem de uma série de concatenações causais, como sejam as sucessivas reencarnações históricas, através de uma cadeia de nascimentos e mortes no plano horizontal.

Não compreendem que a simples repetição histórica de regressos à matéria não produz necessariamente espiritualização e redenção definitiva — assim como a adição e multiplicação de zeros — 000 + 000 X 000 = 0 — não dá o algarismo "1 ". Quantidade mais quantidade não dá qualidade. Pode alguém nascer e morrer pela carne milhares de vezes, continuará a ser carnal, enquanto não introduzir nas suas carnalidades um fator espiritual — mas, se uma única vez renascer pelo espírito, será espiritual, e não necessita de repetir os seus nascimentos carnais. É possível que haja o *fato histórico* da reencarnação — mas, é falso supor que esse *fato histórico* seja um *fator espiritual*. "O que nasce da carne é carne — mas o que nasce do espírito é espírito! É necessário renascerdes pelo espírito para entrar no reino de Deus".

Verdade é que a encarnação pode dar ensejo à espiritualização, não por si mesma, mas pela soberana auto-determinação do livre-arbítrio do Eu divino. Em hipótese alguma pode uma encarnação ser causa de espiritualização, como ilogicamente supõem os reencarnistas profissionais. E, para haver espiritualização, não são necessárias muitas reencarnações; basta uma só — nem é certo que esta única seja necessária. "O sopro sopra onde quer..." Se a primeira encarnação não produziu redenção, será que a segunda ou terceira a produzirão? Não será necessário introduzir na vida humana um novo fator, independente da matéria?

Nascer, viver e morrer — são três coisas que nos *acontecem* por obra e mercê de outros ou de circunstâncias alheias ao nosso querer ou não-querer; progenitores, alimentos e acidentes, doenças ou velhice, são responsáveis pelo nosso nascer, viver e morrer — tudo isto é alo-determinado, nada é autodeterminante, e por isto não nos pode redimir. Redimir só me pode um fator realmente *meu*, o meu Eu, o meu livre-arbítrio, a minha soberana auto-determinação.

Deus me creou o menos possível para que eu me possa crear o mais possível.

E, se o homem não se libertar nesses 30, 50 ou 80 anos da sua vida terrestre?

Neste caso, poderá libertar-se em qualquer tempo e lugar do Universo, porque a morte física não coincide com o fim da sua evolução ou evolvibilidade. Alguma vez, terá o homem de aplicar a onipotência do seu livre-arbítrio, esta potência auto-causante que pode neutralizar todas as potências alo-causadas; basta romper um só dos elos escravizantes da cadeia *kármica* — e a escravidão se transformou em libertação. Essa ruptura pode ser realizada independente de tempo e espaço. Nenhum renascimento material é importante — importante é, todavia, o renascimento espiritual.

Quando Jesus disse à pecadora de Magdala "os teus muitos pecados te são perdoados, porque muito amaste"; quando disse ao explorador de Jericó, Zaqueu — "hoje entrou a salvação nesta casa"; quando prometeu ao ladrão e homicida na cruz "ainda hoje estarás comigo no paraíso" — frisou ele a onipotência do Eu divino sobre as potências humanas, afirmando a vertical libertadora do livre-arbítrio sobre todas as horizontais escravizantes da mente pecadora.

Os que inventaram para a Magdalena decênios de penitências ou de lepra para ela saldar o seu suposto débito negativo; os que mandaram o ladrão remido voltar à terra e neutralizar em meio século de sofrimento o seu *karma* — não compreenderam a onipotente liberdade do espírito a derrotar a impotente escravidão da mente. O impacto do espírito rompe os elos da cadeia mental. O *Lógos* onipotente derrota o potente *Lúcifer*, impotente em face daquele. "Quando sobrevém ao forte outro mais forte, liga-o e despoja-o das armas em que confiava".

É esta a "gloriosa liberdade dos filhos de Deus".

O triunfo da causalidade dinâmica do Eu sobre a causalidade mecânica das circunstâncias.

## CAPÍTULO 19

# Evolução do homem profano, místico e cósmico

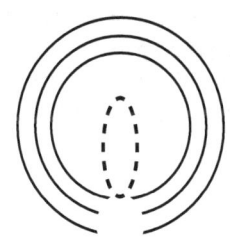

1 - A tríplice consciência profana ao ego físico-mental-
-emocional eclipsando a consciência espiritual do EU.

2 - A consciência mística do EU espiritual isolada das consciências do ego profano.

3 - A consciência mística, transformada em consciência *cósmica*, permeando a tríplice consciência profana do Ego.

À luz dos três diagramas acima, tentaremos concretizar o processo multimilenar da evolução do homem, desde o seu estágio *profano*, através da etapa *mística*, até às alturas da consciência *cósmica*.

A figura central de cada gráfico, em forma de chama, representa o verdadeiro Eu do homem, a sua alma, a "luz do mundo", o "espírito de Deus que habita no homem".

Os três círculos concêntricos simbolizam o tríplice ego, físico-
-mental-emocional, do homem, ou seja, a sua persona ou personalidade.

Na figura nº 1 aparece a luz divina do Eu bem fraquinha (com linhas pontuadas), indicando a fraqueza ou ignorância que o homem *profano* tem de sua verdadeira natureza interna, ao passo que os três círculos periféricos do diagrama são bem reforçados, indicando a predominância do seu ego humano. Esse homem vive para as coisas do corpo, do intelecto e da psique emocional; a sua vida consiste em sentir, pensar e desejar; ele conhece os objetos que *tem* ou pode ter, mas ignora ou não se interessa pelo sujeito (alma) que ele *é* e deve ser cada vez mais; o seu TER é potente, o seu SER é impotente. Praticamente, o TER, ou os TERES, do homem profano se reduzem a dois grupos: *cupidez* e *cupido*, ou seja, matéria-morta, representada pelo dinheiro, e carne-viva, sintetizada pelas coisas do sexo. O homem profano é um caçador de matéria-morta e de carne-viva; a sua vida toda é um TER sem SER. E, sendo as três camadas do seu ego físico-mental-emocional como paredes opacas ou semi-opacas, a luz interna do seu Eu é total ou parcialmente obscurecida por esses invólucros externos. O seu TER está a 100 — e o seu SER marca 0.

* * *

Na figura nº 2 aparece o *místico*, que forma o outro extremo. Quando o homem profano se "converte", dá meia volta, um ângulo de 180 graus, e toma uma atitude diametralmente oposta à posição anterior: volta as costas às coisas do velho ego e visualiza as coisas do novo. Eu recém-descoberto; odeia o que amava e ama o que odiava. De materialista que era, se torna decidido espiritualista. É esta a sua grande "metanóia" ou "transmentalização" (*metá* = além, *noos* = mente), como o texto grego do Evangelho chama signi-ficativamente o processo de "conversão".

A primeira tendência do místico recém convertido é demolir todas as camadas opacas do velho ego profano e isolar-se na luz espiritual do Eu divino, como representamos na figura 2, omitindo os três círculos externos e conservando somente a chama interna, bem reforçada. O místico inicial é necessariamente um homem ascético, austero, isolacionista, desertor de todas as profanidades do mundo externo; detesta os objetos impessoais (dinheiro, propriedade, emprego, política, família, sociedade), como também os objetos pessoais (sentimentos, pensamentos, desejos, emoções). Isola-se no mundo da pura espiritualidade. E, como essa pura espiritualidade interna seria difícil sem o isolamento externo, procura esse homem estabelecer também uma solidão externa, refugiando-se ao silêncio de uma floresta, de um deserto, de uma caverna, de um *ashram*, de um monastério, a fim de amparar e alimentar a luzinha sagrada do seu ideal.

Esse isolamento místico, quando devidamente saboreado, pode encher o homem de tão inefável embriaguez que ele se sinta profundamente feliz nesse estado, sem o mais leve desejo de voltar à "infeliz felicidade" dos profanos.

\* \* \*

Aparentemente, é esse o estado do homem perfeito e definitivo: o espiritualista absoluto, o isolacionista místico.

Entretanto, acontece que alguns desses místicos encontram um mundo mais glorioso ainda para além desse isolamento solitário em Deus. Muitos suspeitam a existência de um mundo ultra-místico, poucos conseguem ingressar nele. É que a entrada nesse mundo ultra-místico (que chamamos *cósmico* ou *crístico* da figura nº 3) supõe uma experiência interna tão profunda, vasta e sólida que, entre os muitos "vocados", se encontram poucos "evocados" — "muitos são os chamados, poucos os escolhidos"...

Para que o homem místico possa regressar externamente ao meio dos profanos sem tornar a ser internamente profano, requer-se que ele tenha experimentado no íntimo quê do seu ser que o Deus do mundo está no mundo de Deus, que Deus é a íntima Essência Universal em todas as Existências Individuais; deve ter vivido a grande verdade de que Deus e o mundo não são duas realidades justapostas, mas uma única Realidade que interpenetra e permeia orgânicamente todas as coisas que dela irradiam e nela estão — assim como o pensamento está no pensador, assim como a mesma luz que esta no globo solar está também em uma gota de orvalho.

Com efeito, o homem que vive apenas no plano da *Transcendência dualista* não pode atingir as alturas da *consciência cósmica*, porque, para ele, Deus e o mundo são duas coisas *separadas*, justapostas; para ele, o efeito (mundo) está fora da Causa (Deus), e vigora oposição e hostilidade entre Deus e o mundo: Deus X mundo. O homem não pode, pois, segundo o místico, ser de Deus e ao mesmo tempo viver no mundo, assim como ninguém pode viver na luz e nas trevas ao mesmo tempo.

Alguns desses místicos, no afã de fugir desse dualismo transcendente, caem no extremo oposto, *identificando* Deus com o mundo, professando panteísmo, igualando a Causa Infinita com os Efeitos Finitos: Deus = Mundo.

O homem de consciência cósmica, porém, não sucumbe a nenhum dos dois extremos; não é *separatista* nem *identificador*. Ele vive a misteriosa Imanência da Causa divina em todos os efeitos mundanos — e essa Imanência é equidistante do *separatismo* e da *identificação*, do dualismo e do pantísmo — o Homem Cósmico vive à luz do grande *Monismo Universal* — tudo em Deus e Deus em tudo...

Para o homem de consciência cósmica não vigora a equação: Deus X Mundo nem Deus = Mundo, mas sim Deus > Mundo; isto é: Deus e o mundo não são mutuamente exclusivos e hostis ( X ), nem são idênticos ( = ), mas o Deus Infinito está em todos os mundos finitos (>), ao mesmo tempo que os transcende todos; Deus é ao mesmo tempo *transcendente* ao universo como *imanente* no universo — é esta a grandiosa experiência do *Monismo Universal* do homem cósmico, *Monismo* eqüidistante do Dualismo unilateral dos separatistas e do Panteísmo unilateral dos identificadores. O homem não é ocidental nem oriental, mas universal.

O Deus *Transcendente*, incognoscível como tal, é contudo cognoscível como o Deus *Imanente*. Nenhum homem, nenhuma criatura finita pode ter contato com a Transcendência da Divindade, mas pode experimentar em si a *Imanência* de Deus — o Brahman incognoscível se torna o Brahma cognoscível — porquanto o Infinito está finitamente em todos os Finitos, e sob esse aspecto da Finitude pode a Infinitude ser percebida pelo homem.

E, como aprendeu a ver Deus em todas as coisas, pode viver no meio de todas as coisas sem perder de vista a Deus. A sua visão cósmica descobriu altares da Divindade em cada mineral, vegetal, animal, mental, espiritual; sabe por experiência própria que Deus é a Essência em todas as Existências, o Infinito em todos os Finitos, o Absoluto em todos os Relativos. Ninguém atinge o Deus Transcendente como Transcendente, mas o homem pode ter contato com o Deus Transcendente na forma da sua Imanência nas criaturas.

Essa intro-visão ou in-tuição (visão de dentro) supõe, naturalmente, que o homem tenha penetrado as muralhas opacas do mundo existencial (ego) e tenha descoberto o fogo sagrado da verdade, a Essência divina em todas as Existências do Universo.

O homem *profano* é um *diversitário*, porque só enxerga as periferias múltiplas ou diversas.

O homem *místico* é um *unitário*, porque enxerga a unidade da

Essência divina, depois de ter demolido as diversidades das Exigências mundanas.

O homem *cósmico*, porém, é um *universitário*, um homem que enxerga a uniade na diversidade (uni-verso = um em diversos); pode viver nos *(di) versos* sem renegar o uno e único; pode viver no mundo de Deus sem deixar de ser do Deus do mundo. *Solitário* no Deus do mundo, e *solidário* com todos os mundos de Deus.

O homem *profano* é como a *lama* no fundo do lago onde a flor de lótus tem suas raizes.

O homem *místico* é como a *água* do lago através da qual se lança a delgada haste do lótus.

O homem *cósmico* é como *a luz* acima do lago, onde o lótus floresce e se imortaliza pela semente.

A lama é contaminada em si mesma.

A água é contaminável.

A luz é incontaminável.

A água pura, quando conservada em recipiente puro, longe de impurezas, se conserva pura; mas, quando posta em contato com objetos impuros, se torna impura — assim é o místico, puro em um ambiente puro.

A luz, porém, pura em si mesma, não se torna impura quando posta em contato com coisas impuras; ela pode penetrar as maiores impurezas e sai sempre pura, porque, sendo a luz a mais alta vibração do universo físico, não é alérgica a nenhuma vibração inferior.

A água é *alérgica* a impurezas.

A luz é *imune* em face de qualquer impureza.

O homem cósmico, na plenitude da sua evolução, é incontaminável como a luz — "vós sois a luz do mundo" (em grego: a luz do cosmos, a luz cósmica).

O homem profano é *irredento*, não-remido.

O homem místico é *redento*, remido, ou semi-remido.

O homem cósmico é *redentor*, porque pleni-remido.

Somente quem é pleni-redento em si mesmo pode ser redentor de outros.

O homem cósmico, que "venceu o mundo" — vivendo no mundo sem ser do mundo — só ele pode ser redentor de seus semelhantes. O seu reino não é deste mundo — mas está neste mundo.

Essa total e definitiva imunidade do homem cósmico nasce da compreensão da verdade sobre si mesmo — e essa verdade o libertou, não só da escravidão do mundo, mas também do medo de sucumbir a

essa escravidão. O homem cósmico é o único homem integralmente liberto e livre. Nele se unem a Verdade e a Beleza — e a austeridade da Filosofia desabrocha na suavidade da Poesia...
*Ecce homo!*

## CAPÍTULO 20

# *Kundalini*, o poder da serpente

Os grandes livros da humanidade — sobretudo o Evangelho e o *Bhagavad Gita* — falam, aberta ou veladamente, do "poder da serpente". Mas só uns poucos compreendem o sentido real desta linguagem misteriosa.

Segundo os livros sacros do Oriente, *kundalini* (*kundala* quer dizer "enroscada") dorme ao pé da árvore da vida, no leito dos *chakras* inferiores da coluna vertebral do homem. O andar vertical do corpo humano tem que ver com a função desses vórtices vitais; a planta tem atitude vertical invertida (pois as suas raízes lhe servem de boca); o animal tem posição horizontal; só o homem conquistou atitude vertical de cabeça para cima, rumo aos espaços infinitos, a emissora cósmica, donde o receptor humano capta as grandes mensagens mentais e racionais.

Cérebro e coluna vertebral servem de antenas a esse receptor humano.

Através da coluna vertebral, onde se enfeixam quase todos os nervos do corpo humano, processa-se o movimento das vibrações inferiores e superiores, que regem os diversos planos da consciência do homem: o *subconsciente* dos sentidos, o *consciente* do intelecto, e o *superconsciente* da razão (espírito).

Os nervos da coluna vertebral são dotados de diversos graus de receptividade; uns captam apenas as *ondas longas* do mundo material; outros respondem às *ondas médias* do mundo mental; outros ainda estão sintonizados pelas *ondas curtas* do mundo da razão espiritual.

Esses nervos estão em contato com a substância *vital*, *mental* e *racional* do Universo. É erro tradicional supor que o homem produza algum fenômeno vital, mental ou racional; ele apenas capta e canaliza parte dessa substância cósmica e a concretiza em fenômenos individuais. Assim como, no plano biológico, a fêmea *concebe* a semente para plasmar a prole, da mesma forma também a mente *concebe* pensamentos, e a alma *concebe* intuições — todas essas sementes vêm do Infinito, do Cosmos, de Brahman, do Universo, que é o Pai Universal de todos os filhos de Maya.

Todos os finitos funcionam femininamente em face do Infinito. "O Universo — diz a Bhagavad Gita (cap. XIV, versos 3 e 4) — é o grande ventre materno no qual Brahman lança as sementes de todas as coisas, e delas procedem todos os seres vivos de qualquer espécie; toda vez que nasce um ser, seja em que forma for, é Brahman, o espírito do Pai, que lhe dá vida, deixando as sementes das quais nascem as formas" (Maya, a Natureza).

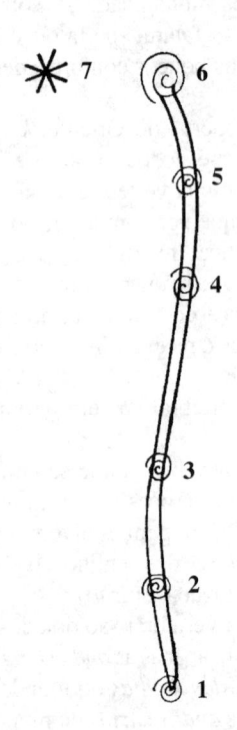

Os 7 vórtices (chakras) localizados na coluna vertebral e na base da testa (o "olho simples"), veiculando as vibrações da consciência humana.

Os diversos centros de vibratilidade e receptividade — em sânscrito *chakras*, quer dizer "rodas" ou "vórtices" — não são fatos fisiológicos ou anatômicos, mas focos funcionais, que a medicina e a cirurgia jamais descobrirão.

A coluna vertebral do homem é uma espécie de árvore, através da qual sobem e descem as seivas vitais. A filosofia oriental simboliza essas correntes vitais, ascendentes e descendentes, pelos dois canais, Ida e Pingala — espécie de "escada de Jacó", pela qual sobem e descem os anjos (arautos) de Deus, mantendo o intercâmbio entre o céu e a terra, entre o "uno" e o "diverso" do UNI-VERSO, fora e dentro do homem.

Moisés, iniciado em toda a sabedoria do Egito, da Arábia e da Índia, refere-se à mesma *kundalini*, ou serpente, que vivia no Éden do homem primitivo e só conhecia o primeiro plano evolutivo do "crescei e multiplicai-vos".

Mas, quando a evolução ascensional do homem atingiu certa altura, começou o simbólico réptil[1] a subir do plano *vital* para o plano *mental* a fim de comer do "fruto do conhecimento". *Kundalini*, pela *gnosis* mental, oferece ao homem semi-envolvido o saboroso fruto do conhecimento intelectual. Jesus, o Cristo, o maior iniciado que a humanidade conhece, encampou a mesma ideologia simbólica, afirmando ser ele mesmo essa serpente, não já no estado primitivo de simples *vitalidade procreadora*, nem apenas no subseqüente estado da *mentalidade conhecedora*, mas sim a serpente plenamente "erguida às alturas" pela *racionalidade redentora* (o Lógos, o Verbo, o Espírito).

Três são, pois, os frutos que a serpente *(kundalini)* oferece ao homem:

1 - o fruto da vitalidade creadora,
2 - o fruto da mentalidade conhecedora,
3 - o fruto da racionalidade redentora.

No primeiro plano revela-se *kundalini* como força procreadora, sexual, impelida pela libido, que domina todos os seres vivos, e sobretudo os mamíferos superiores, aos quais o homem pertence organicamente. Essa força creadora, que garante a imortalidade racial,

---

[1] A palavra hebráica para "serpente" é, no Gênesis, *nahash*; em livros posteriores ao exílio babilônico aparece o vocábulo *seraph* (plural *seraphim*), símbolo da "serpente ígnea" ou a "salamandra de fogo", a serpente ígnea alada.

mas não individual, reside nos centros vitais inferiores da coluna vertebral (cóccix e sacro) ; é, por assim dizer, a base da haste do lótus, cujas raízes estão embebidas no limo do lago em que vive. É o Éden mencionado por Moisés, onde vivia o homem primitivo, calmo e feliz, como se fosse simples animal, inocente por ignorância, sem problemas nem conflitos internos, ignorando a possível discórdia entre o seu *poder vital* e o seu *querer mental* (e o seu futuro compreender *racional*). "Crescei e multiplicai-vos!" — era o único imperativo do homem, nesse plano vital da serpente.

Nesse tempo, não sabia ainda o homem que era "nu", e por isto não se escondia sob as árvores do Éden, nem ainda sentia a necessidade de fazer uma tanga primitiva de folhas de figueira para cobrir os órgãos genitais, tanga mais tarde substituída por um "avental de peles". O senso do pudor sexual tem origem nesse conflito entre instinto e intelecto, entre o vital e o mental do homem, entre um primitivo *poder corporal* e um subseqüente *dever moral*. O animal ignora pudor, porque sente o seu *poder*, e nada sabe de um *dever* superior. A criança vive no mesmo plano da ignorância edênica. Onde existe uma única linha de *poder* não há possibilidade de conflito e discórdia; a luta só começa com a bifurcação da linha em duas. O animal e a criança fazem a única coisa que podem, e por isto o seu *poder inconsciente* não entra em conflito com um *dever* e *querer consciente*. Se o homem não pudesse fazer outra coisa que o animal, não haveria base para um conflito, discórdia, desarmonia, remorso; essa insatisfação consigo mesmo supõe a possibilidade de agir de outro modo de se reproduzir, que o homem não desenvolveu e que até hoje continua em mera latência, prevalecendo o processo animal de reprodução.

\* \* \*

O homem do Éden, após a primeira fase ascensional provocada pela serpente mental — prelúdio da sua serpente racional, Lúcifer precursor do Lógos — tinha diante de si dois caminhos de procreação: 1. a fecundação *esperma-carne*, 2. a fecundação *verbo-carne*.[2]

---

[2] Na realidade, estes dois modos de fecundação são, fundamentalmente, um só, porque também a fecundação esperma-carne é, em última análise, uma fecundação verbo-carne. *Verbo* é *vibração*. Mesmo na fecundação pelo esperma é a vibração vital que produz a fecundação, e não o seu

Com o movimento ascensional de *kundalini* rumo à "árvore da vida", que estava no meio do Éden, existia no homem, ao menos potencialmente, o poder da fecundação verbo-carne. E, neste caso, faltaria o elemento *libido*, que é a mais alta forma de egoísmo masculino-feminino (paradoxalmente chama do "amor"). A libido, inseparavelmente unida à fecundação esperma-carne, seria substituída pelo amor. O ato sexual consistiria totalmente num intenso *amor* para com a vida nova a ser gerada, e não se processaria em virtude de um duplo *egoísmo*, no desejo de satisfação da libido masculina e feminina, como acontece na geração atual. Nunca talvez a mente humana tenha inventado maior mentira do que no uso da palavra "amor", quando se refere ao mais violento "egoísmo a dois", que é a libido.

O produto resultante desse duplo egoísmo libidinoso não podia deixar de ser imperfeito, como é o corpo gerado pela libido sexual. Também, como poderiam dois intensos egoísmos produzir um corpo perfeito? Somente o amor é que pode produzir algo perfeito e puro.

O *êxtase da carne* seria, nesse caso, substituído pelo *êxtase do espírito*; a chamada *erótica*[3] eclipsada pela *mística*; o egoísmo macho-fêmea passaria a ser altruísmo pai-mãe; o orgasmo da libido culminaria no entusiasmo do amor.

---

veículo material. Na fecundação verbo-carne, a mesma vibração vital exerce um impacto sobre o óvulo, apenas com a diferença de que aqui o veículo de força vital é imaterial (astral ou etérico). Os pais não produzem a vida, mas canalizam uma parte da Vida Universal e a concretizam em vida individual. Quanto menos material for o veículo da Vida, tanto menos esta Vida perde da sua potência.

A fecundação verbo-carne, segundo o Evangelho, se deu com Maria, quando o "verbo se fez carne". E por esta razão era o corpo de Jesus imortal e isento de qualquer enfermidade.

É possível que essa mesma procriação verbo-carne se tenha dado com outros avatares da humanidade.

[3] É de uso comum chamar *erótica* a *libido*, quando, na realidade, o verdadeiro *Eros* compete ao *ánthropos* (ser humano como tal), e não ao *anér* (varão) nem à *gyné* (mulher). O verdadeiro Eros, como já fez ver mestre Platão, seria idêntico ao Amor Humano, e não à libido masculina e feminina.

Quando, neste livro, usamos, por vezes, a palavra "erótica" em vez de "libido", seguimos apenas o costume geral, embora inexato.

O homem que só conhece a satisfação do orgasmo libidinoso, é claro, julgará que, neste caso, deixaria de haver encanto nas relações sexuais — quando, na realidade, o encanto seria incomparavelmente maior. Não seria abolida a função dos órgãos genitais; a sua função passaria a ser sublimada, e a baixa vibração erótica passaria à mais alta vibração mística.

"Quem puder compreendê-lo, compreenda-o!" ...

O corpo gerado pela "fusão dos sangues" (*ek haimáton, ex sanguinibus*), como diz o quarto Evangelho, é mortal, porque nasceu "do desejo do varão e do desejo da carne" (libido masculino-feminina), ao passo que o homem gerado pelo "espírito de Deus" teria um corpo perfeito e imortal, seria verdadeiro "filho de Deus", como o Cristo.

Segundo o Gênesis, a serpente se manifestou através da mulher (Ava, Eva). O homem (Adam) não viu nem ouviu *kundalini*. O reflexo (em sânscrito Ava) de Adi-aham (o "primeiro ego", Adam) sofria ainda o impacto do seu passado animalesco sujeito à geração esperma-carne, e Adam cedeu à sugestão desse reflexo, recebendo de Ava apenas o "fruto da árvore do conhecimento", sem atingir as alturas do "fruto da árvore da vida". A *kundalini* semi-desperta levou o homem a uma vida mortal cheia de conflitos — algum dia, *kundalini*, pleni-desperta, o levará a uma vida imortal cheia de harmonia e de paz. O filho que nasceu dessa primeira união sexual esperma-carne (Cain) se tornou, mais tarde, o primeiro homicida da humanidade; a sua origem estava contaminada de egoísmo libidinoso — e como podia deixar de nascer um egoísta da união de dois egoístas?

Nessa segunda fase evolutiva do homem, a força serpentina do inconsciente se associa à força serpentina do consciente; a libido vital do animal se alia à libido mental do homem; ao conceber biológico acresce o conceber intelectual[4]; a erótica inocente que domina o animal se tornou erótica culpada do homem que não atingiu ainda a erótica mística do espírito.

Se há "pecado original", só pode ser a *libido* que deixou de culminar em *amor*.

---

[4] *Conceber* e *conhecer* são sinônimos; conceber uma prole ou conceber uma idéia. "Adão *conheceu* sua esposa Eva"... "Não *conheço* varão"... Nestes e outros textos sacros, *conhecer* indica relação sexual.

O *seraph* (serpente)[5] do intelecto levou o homem até meio caminho — mas o *cherub* do espírito o elevará, um dia, ao termo da jornada.

Compete ao iniciando sublimar em si a força serpentina do *instinto vital* ao *intelecto mental* e daí subir à *razão espiritual*. Os iniciados sabem que *kundalini*, a força vital, é uma só, que se revela em formas várias. *Kundalini* não sublimada é simples força vital, procreadora; *kundalini* semi-ascensional é força mental creadora; *kundalini* plenamente evolvida, a "serpente erguida às alturas", no dizer de Cristo, é vida imortal.

O orgasmo sexual é uma descida momentânea ao abismo da vitalidade subconsciente — o *samadhi* ou êxtase espiritual é uma subida às alturas da vitalidade superconsciente, à própria Vida Universal. Das profundezas ou das alturas dessa Vida Universal traz o homem uma parcela da *Vida* que se concretiza em um indivíduo *vivo*, seja no plano vital, seja no plano espiritual. Após o orgasmo carnal da erótica desenvolve-se lentamente o recém-gerado indivíduo físico — após o orgasmo (ou entusiasmo) espiritual da mística desenvolve-se o homem metafísico, místico, a "nova creatura em Cristo".

Os homens mais avançados de hoje conhecem o processo da "sublimação erótica". Erguem, por assim dizer, uma barreira, um dique, no meio da impetuosa torrente vital, desviando as águas de *kundalini* em outra direção — ciência, arte, filantropia, espiritualidade. Esse processo equivale a uma *auto-compulsão*.

Há, todavia, outro processo, que consiste em uma *autocompreensão*. Nele, o homem não pratica sublimação, não ergue uma barreira no meio da torrente vital — mas sobe até a origem da misteriosa nascente, e aí, com espontânea leveza e naturalidade, canaliza em outra direção as forças da serpente ainda dormente — e eis que as águas vivas fluem suavemente em outra direção, sem nenhum sacrifício compulsório, porque onde impera a Verdade não há esforço

---

[5] *Seraph* (singular de *seraphim*) tem o mesmo esqueleto consonântico de *serpens* (*srph*, *srp*), simbolizando *kundalini*, no seu segundo estágio mental. Os *seraphim* são os anjos da inteligência, os "salaman dras de fogo" — assim como os *cherubim* (plural de *cherub*) são os anjos da imortalidade, criada pela razão espiritual; são os *scarabaeus* (radical idêntico ao de cherub) que, pelas bandas do oriente, guardam a entrada do Éden. Os egípcios costumavam colocar os *scarabaeus*, cuja forma física é o escaravelho, nos sarcófagos dos faraós, como símbolos da imortalidade.

nem sacrifício; a suavidade da compreensão dispensa a violência de qualquer compulsão.

Mas... com isto atingimos as fronteiras da *Kriya-yoga* — o paraíso perdido guardado, pelas bandas do oriente, pelos feros querubins da imortalidade.

O divino Mestre se referiu a esse mistério dos "eunucos por amor ao reino dos céus", e exclamou: "Quem puder compreendê-lo compreenda-o"!...

A alquimia da compreensão espiritual, do carisma da Verdade, repousa em uma iluminação de dentro. Quando o homem chega ao plano do conhecimento intuitivo e da verdade experiencial sobre si mesmo; quando compreende que ele não é o seu ego corporal-mental-emocional, mas sim o seu Eu Universal, o "espírito de Deus que nele habita" — então começa ele a viver a sua realidade cósmica. E então desaparece toda e qualquer dificuldade e sacrifício, porque tudo se dilui suavemente em delicia e entusiasmo...

Todo "sacrifício", no sentido de sofrimento, acaba em outra espécie de "sacrifício", que é o "sacrum-facere", o feito-sacro de uma liturgia cósmica de espontânea naturalidade e de exultante entusiasmo.

*Kundalini*, a serpente enroscada do instinto vital, ou então semi-erguida ao intelecto mental, será transformada na super-serpente plenamente erguida às alturas do Cristo Cósmico, do homem crístico plenamente remido pela Verdade Libertadora...

## CAPÍTULO 21

# Corpo mortal, corpo sobrevivente, corpo imortal

*Kundalini*, o poder da serpente, como dizíamos, é a força da Vida Universal imanente nos organismos individuais.

Quando a Vida Universal se individualiza em alguma creatura — quando Brahman aparece como Maya, Aham ou Atman — dá-se uma espécie de queda ou involução, uma vez que o Infinito Transcendente aparece em um Finito Imanente.

A onipotência do zênite desce à impotência do nadir.

É o que os iniciados chamam o "sacrifício cósmico da Divindade". É também este o caso particular da encarnação do Verbo".

A eterna essência de Brahman se revela na existência temporária de Maya, cujo clímax é Atman.

Esse Finito Existencial aparece, no primeiro estágio da sua finitização, em forma do Inconsciente ou Subconsciente.

É este o estado de *kundalini* em sua forma mais primitiva e baixa, no nadir da sua involução. A "serpente enroscada" dorme profundamente, em total ou quase total inconsciência. Será que podemos identificar o mundo mineral com esse sono profundo da energia cósmica do Universo? Haverá mesmo total inconsciência no núcleo atômico, nos seus prótons, nêutrons e mesons? Ou seria o rapidíssimo movimento elíptico dos elétrons ao redor do próton o primeiro indício do despertamento de *kundalini*?...

No seio da vida vegetal e animal teria a "serpente" chegado a um semi-despertamento? Semi-desenroscada, estaria em semi-dormência?...

Nos planos intelectual, racional, espiritual, crístico, teríamos um progressivo despertar da energia cósmica do Universo — um movimento *evolutivo* distanciando-se cada vez mais da *involução* e aproximando-se cada vez mais da sua primeira fonte e origem eterna e infinita.

A "serpente", totalmente *enroscada*, se vai *desenroscando*; depois rasteja no plano *horizontal*, e, por fim, se ergue em atitude *vertical*...

"Assim como Moisés ergueu às alturas a serpente, assim deve também o Filho do Homem ser erguido às alturas..."

Quanto mistério nessas poucas palavras do Cristo!...

Toda a Existência finita é um reflexo e eco da Essência Infinita; e como em toda a Existência está imanente a Essência, assim como a Causa está no Efeito — por isto toda a creatura tem em si o impulso, embora inconsciente, de retornar à sua origem e fonte; toda a forma existencial tende a se essencializar novamente, na medida da sua possibilidade ou potencialidade. Toda creatura, *involvida* pela sua Existência, tende a *evolver* rumo à Essência. É este o Universal *cosmotropismo* (teotropismo) de todas as coisas, desde o menos consciente até ao mais consciente, desde o mineral, vegetal e animal até ao intelectual, racional, espiritual e crístico — tudo vem do Todo, tudo está no Todo, tudo volta ao Todo.

Esse "voltar" pode assumir formas várias; pode ser uma *diluição* do finito no Infinito, e pode ser também uma *integração* do finito no Infinito.

Esse silencioso brado evolutivo é o grito da Existência pela Essência — "toda a creatura geme em dores de parto", no dizer de São Paulo — é a fé, a *fides*, a fidelidade que cada ser finito tem a si mesmo: toda creatura tende a ser *existencialmente* o que ela é *essencialmente*, o *agir* anseia pelo *ser*, a *incubação* vai em demanda da *eclosão*; todo indivíduo deseja ser fiel a si mesmo, atualizando explicitamente as suas potências implícitas.

A verdadeira natureza de cada ser é a sua potência ou potencialidade, e não a sua atualidade. A verdadeira *natura* do ser é a coisa *na(sci)tura*, isto é, o que pode nascer, o que nele foi concebido pela involução e está em gestação rumo à evolução do nascimento. Nenhum se torna explicitamente o que não é implicitamente; todo ser é a sua íntima e profunda potencialidade.

\* \* \*

Ora, no plano mais baixo da consciência, no *subconsciente vital*, produz *kundalini* um corpo ou veículo material, que é muito frágil;

morre quando a força vital do subconsciente vegetal ou animal cessa de manter devidamente organizadas e harmonizadas as suas partes componentes. Da planta e do animal nada sobrevive após a sua morte. A vida individual se dilui na Vida Universal, e os seus veículos temporários voltam para a terra e o ar. O indivíduo como indivíduo deixou de existir; sucumbiu à "morte eterna". Se, mais tarde, outro indivíduo se servir dos mesmos elementos ou resíduos terrestres e aéreos para arquitetar o seu veículo corpóreo, não é o mesmo indivíduo; o primeiro perdeu a sua identidade na morte; o segundo é outro. A vida individual não é a mesma, depois de se ter diluído totalmente na Vida Universal. Pode a onda 2 ser formada das mesmas águas da onda 1, ela não é a mesma onda, uma vez que perdeu a sua natureza de onda depois de recair ao seio indiferenciado do Mar Universal.

No plano do *consciente mental*, representado aqui na terra pelo homem, crea *kundalini* um corpo *sobrevivente* à morte do corpo material. Esse corpo sobrevivente é feito de sutil vibração astral ou pura energia, e não e afetado pelo impacto de fenômenos materiais. Esse corpo astral baseado na faculdade mental não é imortal, mas apenas sobrevivente. O tempo da sua sobrevivência depende da intensidade da sua vibração mental. Certa teologia pueril povoou o "limbo" com embriões humanos, porque não soube distinguir entre corpo *sobrevivente* e corpo *imortal* e julgou necessário dever conservar eternamente esses semi-indivíduos humanos, não lhes dando possibilidade nem para ulterior evolução nem para a definitiva destruição. Nós, porém, sabemos que o indivíduo humano sobrevive à morte física graças à presença de seu corpo astral, que é patri-mônio universal da humanidade no estado em que hoje existe, dotada de faculdade mental, embora essa faculdade não se tenha atualizado em inteligência consciente. Todo ser humano, mesmo nascituro, é dotado de faculdade mental, parte integrante da sua natureza; e essa faculdade crea automaticamente o corpo astral, veículo do mental, que sobrevive algum tempo à dissolução do veículo material. Esse corpo astral é "imortalizável" pelo poder do espírito ("renascimento pelo espírito"), mas não é imortal sem essa atuação do espírito ou da alma humana.

Qualquer corpo astral, quando não espiritualizado, acabará por se diluir, mais cedo ou mais tarde, no Oceano imenso da energia cósmica, ou seja no Espírito Universal. Deixa de *existir* como individual, embora não deixe de ser como Universal; mas esse "Universal" não sou eu, não és tu, não é nenhum indivíduo humano, mas é o Espírito Universal, o mar da Divindade, o *nirvana* de Brahman.

A estas horas, Santo Agostinho, inventor do "limbo", já deve saber que tal lugar não existe; mas os seus discípulos, ainda escravizados pela ignorância, continuam a crer nesse fantasma como se fosse uma realidade... A Constituição Cósmica do Universo ignora todos os nossos sentimentos; ela é a Lei, e segundo a Lei somente se perpetua o indivíduo idôneo para ulterior evolução. O corpo astral sobrevive temporariamente por ser capaz dessa evolução temporária, mas não sobrevive eternamente por ser incapaz dessa sobrevivência eterna. A Lei Cósmica é a expressão da mais rigorosa Lógica (*Lógos!*) e da mais absoluta Matemática.

A sobrevivência do indivíduo humano em corpo astral é, hoje em dia, patrimônio geral da humanidade — ao passo que a sua imortalidade pode e deve ser a gloriosa conquista de cada indivíduo em particular.

Será que, algum dia, o corpo imortal virá a ser patrimônio universal da humanidade, assim como, hoje em dia, a sociedade é bem comum da nossa raça? É possível que tal aconteça, mas só no caso que a *espiritualidade* se torne tão geral no gênero humano como hoje é a *intelectualidade*. Pensar, inteligir, é tão fácil e espontâneo ao homem de hoje — ao passo que compreender, intuir espiritualmente, lhe é ainda tão difícil que aparece apenas, aqui e acolá, como exceção da regra, e não como regra geral da humanidade. Pensar deve ter sido tão difícil, uns milhões de anos atrás, como hoje em dia é intuir; e daqui a uns milhões de anos, intuir espiritualmente talvez se torne tão fácil e comum com inteligir mentalmente. E então "o reino de Deus será proclamado sobre a face da terra", e "haverá um novo céu e uma nova terra"...

O corpo imortal, produzido pela faculdade espiritual, é um corpo-luz. Segundo a ciência nuclear dos nossos dias, é a luz o único fator indestrutível do Universo; tudo é *lucigênito* e tudo é *lucificável*, mas a luz cósmica em si subjaz invariavelmente a todos os fenômenos que dela derivam e a ela retornam. Quando o corpo humano atingir a altíssima freqüência vibratória da luz cósmica, então terá ele a garantia da indestrutibilidade. Essa vibração suprema é produzida pelo poder do espírito divino que habita no homem em forma de sua alma.

"Vós sois a luz do mundo..."

\* \* \*

Ora, o que, hoje em dia, acontece dentro do homem, pela força da "serpente" ou força vital, creando corpo material, astral e luminoso — destrutível, sobrevivente e imortal — isto pode ser produzido, até certo ponto, também no mundo objetivo, externo, fora do homem.

Dia a dia, produz a força *vital* dos indivíduos corpos *materiais*, pela procriação sexual.

A faculdade *mental* do homem se manifesta de dois modos: subconsciente e conscientemente. Pela faculdade mental subconsciente (estado de transe, hipnose, etc.) pode o homem produzir fenômenos correspondentes a esse estado mental. São universalmente conhecidos os fenômenos de *ectoplasma* produzidos por pessoas (médiuns) em estado de profunda subconsciência. Nesse estado ínfimo de consciência fica liberta grande quantidade de plasma corpôreo, que, em estado consciente, é necessário como veículo desse consciente. A porção de plasma libertado no estado subconsciente é disponível e pode servir de matéria-prima para materializações de corpos astrais, tanto de seres humanos como de outras entidades dotadas de corpo astral. Esses ectoplasmas persistem na esfera visível e tangível do mundo material enquanto houver plasma no ar; desaparecendo o veículo plasmático, desaparece da esfera do visível o veiculado, isto é, o corpo astral.

Isto no tocante ao estado subconsciente da faculdade mental do homem.

Há, todavia, um estado superior de materialização de corpos astrais, produzidos por um consciente humano de alta potência. Os *magos* (magnos, grandes) de todos os tempos eram peritos nessa ciência de produzir corpos visíveis e tangíveis, pela vibração mental intensamente consciente, devidamente focalizada e veiculada em certa direção. Neste caso, a força mental do mago atua sobre a substância astral ambiente, ou do próprio mago, condensa-se em determinados *vórtices* (espirais, redemoinhos), satura-os de energia mental, e as entidades astro-mentais executam as ordens de seu autor conscinte.

A nossa ciência e técnica constrói aviões *teleguiados* — os magos conhecem entidades astrais *menteguiadas*. Nestas últimas, é a força eletrônica daqueles substituída por força mental.

A Bíblia refere as estupendas magias mentais de Moisés, as dez pragas do Egito. Sobretudo no último desses flagelos, e a morte dos primogênitos egípcios pelo "anjo exterminador", serviu-se Moisés da sua intensa força mental, adquirida em 40 anos de treino na Arábia, para crear aquela terrível entidade astral que, por ordem mental dele, estrangulou todos os primogênitos do Egito em uma única noite. O período do plenilúnio escolhido pelo grande mago é excepcionalmente propício para essa magia mental, devido a suas radiações negativas, reforçando a vibração negativa do mago.

A entidade creada pela faculdade mental consciente, na magia mental, não se dissolve automaticamente, como acontece com o ectoplasma creado pelo subconsciente, mas persiste enquanto não for dissolvido pelo seu creador.

No Evangelho, Jesus chama os demônios de "utensílios" (em grego *skeua*) e "armadura" (em grego *panoplia*) de Satanás, isto é, creações do Mental, das quais este se serve para seus fins negativos. Nenhuma única vez o Evangelho identifica os demônios (elementais) com o diabo, Lúcifer ou Satan (o mental), como, infelizmente, é de uso e abuso entre os nossos teólogos eclesiásticos e na linguagem geral do povo. Os demônios são creações de Lúcifer, o "chefe dos demônios", o demiurgo mental; mas ele mesmo não é demônio, "utensílio", "armadura".

"Quando o *Forte* (mental) guarda os seus *utensílios* (elementais)... mas, quando sobrevém o *Mais Forte* (espiritual, o Cristo)..."

Evans-Wentz, na sua obra "O Livro Tibetano da Grande Libertação", bem como a escritora Alexandra David-Neel, em seu livro "Místicos do Tibet", narram estupendos fenômenos de magia mental provocados pelos tibetanos, fenômenos visíveis, tangíveis, persistentes e, por vezes, dificilmente destrutíveis. Não raro, "o feitiço vira contra o feiticeiro", como sucedeu à citada escritora, atormentada pelo próprio monge tibetano que ela creara por magia mental. Uma creatura mentalmente creada volta-se contra seu creador — e ai deste se não conseguir des-crear o que creou! ...

Suponhamos que alguém consiga crear um corpo humano pela força supraconsciente do *espírito* — não seria esse corpo mortal?

O subconsciente crea corpos frágeis (vitalidade).

O consciente crea corpos resistentes, embora destrutíveis (mentalidade).

O supraconsciente crea corpo indestrutível (racionalidade).

A altíssima vibração racional ou espiritual tem a faculdade de crear um corpo, não apenas sobrevivente, mas imortal. Esse corpo imortal, feito de luz cósmica, e o do próprio homem espiritual.

"O que nasce do espírito é espírito — é necessário renascer de novo pelo espírito para entrar no reino de Deus" (imortalidade).

A maior ou menor resistência e indestrutibilidade do corpo depende, pois, da maior ou menor intensidade do seu princípio creador, isto é, do grau consciente que o creador possua.

Que é o consciente?

É exatamente o que a palavra diz: *consciente*, sciente com, ser sciente de algo em companhia de alguém. Quando o finito é sciente do Infinito, então é *consciente*, e, se for pleni-consciente, participa do poder do Infinito.

Segue-se que, se um ser pleniconsciente ou supraconsciente crear um veículo pelo poder desse seu intenso consciente, esse veículo é indestrutível, imortal.

É esta a consciência cósmica.

É *kundalini* na sua mais alta manifestação.

Serpente *vital*.

Serpente *mental*.

Serpente *espiritual*.

Do despertamento, parcial ou total, de *kundalini* depende a evolução do homem. A potencialidade é infinita, mas a sua atualização no finito é finita em vários graus de finitude.

O homem primitivo, profano, vive no Éden da simples *vitalidade* procreadora — "crescei e multiplicai-vos!" ...

O homem que já comeu do "fruto da árvore do conhecimento", entrou na zona da *mentalidade* e encontra a terra coberta de "espinhos e abrolhos" e ele mesmo tem de comer o seu pão "no suor do seu rosto" ...

O homem que comeu do "fruto da árvore da vida" ascendeu às alturas da *espiritualidade*... Conhece os "mistérios do reino de Deus"...

"Ergueu às alturas" a sua serpente...

Imortalizou o seu corpo...

Entrou na vida eterna...

◻

## CAPÍTULO 22

# Kundalini e sua relação com a evolução mental e espiritual do ho-

Hoje em dia, como já mencionamos, a faculdade mental (não o seu grau) é automaticamente transmitida de pais a filho. Em tempos pré-históricos, provavelmente, a faculdade mental não era transmissível geneticamente; tinha de ser adquirida individualmente, como foi pelo "primeiro ego" (*adiaham*, contraído no Gênesis em adam). O que não penetrou profundamente nos cromossomas e nos gens dos pais não é transmissível ao filho; somente uma vibração orgânica que deixou de ser superficial e recém-adquirida e passou a identificar-se com a substância vital dos geradores, permeando os elementos biogenéticos, é que pode ser comunicada ao corpo do gerado. Foi o que aconteceu com a faculdade mental, a qual, por conseguinte, deve ser patrimônio antiquíssimo da raça humana. Essa faculdade consiste na idoneidade dos nervos cerebrais de captarem vibrações do Universo de uma freqüência muito superior à das vibrações captadas pelos nervos sensoriais do animal.

Entretanto, seria errôneo admitir que a vibração mentalista estivesse apenas aos nervos cerebrais do homem e da mulher; a sua vibração repercute e existe, de algum modo, em toda e qualquer partícula do corpo humano. O corpo humano, em sua totalidade orgânica, é "mentalizado", embora apenas o cérebro seja o órgão específico de manifestação. Se as vibrações mentais não permeassem todos os elementos biogenéticos do corpo — cromossomas e gens e todo o resto — não haveria possibilidade de transmissão da faculdade mental de pais a filhos.

Em linguagem eletrônica, poderíamos dizer que os nervos do animal captam apenas as "ondas longas" das vibrações do mundo material canalizadas pelos sentidos corporais. O cérebro humano capta "ondas médias" através de nervos mais sutis e refinados, fazendo do homem uma estação receptora e emissora de ondas mentais. Por via de regra, o cérebro não consegue ainda captar as vibrações mentais de outros cérebros, limitando-se a emiti-las.

Quanto às vibrações do mundo espiritual (racional), pouquíssimos são os homens da atual geração capazes de perceber essas "ondas curtas", cuja freqüência vibratória ultrapassa tanto as "ondas longas" dos sentidos como as "ondas médias" do intelecto. E, mesmo os poucos homens que, porventura, possuam a faculdade de captação espiritual, não a podem transmitir biogeneticamente, por ser uma aquisição individual recente, e não fazer parte ainda do patrimônio racial da humanidade. Possivelmente, em eras futuras, quando muitos indivíduos humanos tiverem realizado o "renascimento pelo espírito", poderá essa faculdade ser transmitida, assim como hoje em dia é transmitida a faculdade mental — suposto, naturalmente, que essa nova aquisição espiritual tenha vitalmente permeado os respectivos elementos biogenéticos e todas as substâncias da natureza humana. Então seria "o reino dos céus proclamado sobre a face da terra", e haveria "um novo céu e uma nova terra".

O traço de união, a invisível ponte que liga os nervos corpóreos com essas faculdades superiores — mental e espiritual — parece ter estreita afinidade com os *hormônios endógenos* do homem e da mulher. Quando esses hormônios faltam ou falham na sua atividade (anormalidade orgânica, castração, etc.), manifestam-se profundos distúrbios no ser humano, perdendo a sua natural vitalidade dinâmica em diversos setores da existência. Até no animal castrado se revela essa "falsificação" da natureza.

É sabido que um homem castrado em criança não só não desenvolve a sua *kundalini* procreadora corporal, por falta de hormônios exógenos, mas caduca também na sua *kundalini* mental, por falta dos necessários hormônios endógenos; e, por estranho que talvez pareça, a sua *kundalini* espiritual também é gravemente prejudicada[1]. É sabido

---

[1] A própria teologia eclesiástica reconhece este fato, excluindo do sacerdócio os jovens que, porventura, não possuam virilidade normal, embora a lei do celibato pareça aconselhar o contrário. Celibato não é desvirilização orgânica, mas disciplina mental e espiritual. Os "eunucos do reino dos céus", de que fala o Nazareno, não são os desvirilizados, mas os que superaram pela força espiritual da mística a força vital e mental da erótica; não são os *incompletos* anteriormente mencionados pelo Mestre, mas os realmente completos — e os espiritualmente completos não devem ser corporal e mentalmente incompletos. O homem cósmico é um homem integral em todos os sentidos.

que, por via de regra, os grandes místicos são, fundamentalmente, os grandes eróticos, os que conseguiram realizar a misteriosa alquimia da transformação do seu Eros (libido) em espiritualidade, não pela compulsão, sim pela compreensão. "Quem puder compreendê-lo comprenda-o!" Agostinho é o exemplo clássico desse tipo erótico-místico. Na pessoa de Jesus Cristo não percebemos nenhuma luta entre erótica e mística; nele culmina uma mística serena e plenamente vitoriosa sobre o Eros. Nada sabemos do Cristo pré-telúrico, anterior à sua encarnação em Jesus de Nazaré. De fato, a sua evolução pré-humana não parece ter fluído através dos canais inferiores da nossa raça. "Antes que Abraão fosse feito, eu sou"... "Glorifica-me agora, meu Pai, com aquela glória que eu tinha em ti antes que o mundo existisse" — palavras como estas sugerem a existência de um Cristo Cósmico que não passou pelos canais evolutivos do homem telúrico, mas desceu a este planeta apenas como avatar e redentor de seres inferiores.

A Bhagavad Gita contém misteriosas alusões a esse processo *kundalini* e sua tríplice manifestação como força vital, força mental e força espiritual.

O Gênesis, como já mencionamos, fala da *serpente* que iniciou a evolução mental do homem, e a fará culminar, um dia, em evolução espiritual, quando um descendente do homem vital-mental "esmagar a cabeça da serpente" e o poder espiritual cantar triunfo sobre as formas inferiores, vital e mental, da serpente.

Sendo que *kundalini* (serpente) é ao mesmo tempo *luz* e *fogo* — força vitalizante (luz) e "salamandra ígneo" (em hebraico, *seraph*, singular de força mortífera [fogo], é perigoso suscitar do sono esse *seraphim*); porque essa força é tanto *Vishnu* como *Shiva*, redentor e exterminador, consoante a disposição, positiva ou negativa, do recipiente humano.

Quando o Cristo se compara à "serpente erguida às alturas", oferece-nos a chave do grande enigma de *kundalini*: a "serpente ígnea" que, no seu estado horizontal, rastejante, infligia morte aos peregrinos hebreus, na península arábica, conferia vida e saúde quando verticalizada, "erguida às alturas"; quer dizer que a mesma força mata e vivifica, perde e redime, conforme seu estado de evolução, inferior ou superior.

---

ser corporal e mentalmente incompletos. O homem cósmico é um homem integral em todos os sentidos.

Com outras palavras: o homem Eu é o homem-ego em nível mais avançado; o Lógos é a sublimação de Lúcifer; a Razão crística e a inteligência luciférica erguida às alturas.

Quando os nossos ascetas exigem de seus discípulos que "matem" o ego a fim de realizarem o Eu, usam de uma linguagem ambígua, e até perigosa. Quando Jesus afirma que, "se o grão de trigo morrer, produzirá muito fruto", parece ele, à primeira vista, corroborar a linguagem dos ascetas; na realidade, porém, os ultrapassa, e até lhes contradiz; porquanto, a semente não morre realmente a fim de fazer brotar a planta; se morresse de fato, não produziria a planta. A semente morre apenas como *semente*, mas sobrevive como *vida*; morre a estreiteza e vive a largueza. A mesma vida da semente é a vida da planta, em um estado superior. A vida é a mesma, apenas o seu estado evolutivo é diferente. O homem-ego é, potencialmente, o homem-Eu — e este é atualmente aquele. A *vida* continua, a *forma* da vida muda.

Verdade tão avançada não deve ser dita aos atrasados. O grande Orígenes, de Alexandria, proclamou essa sapiência universitária do Cristo aos ignorantes da escola primária do seu tempo, que estavam apenas soletrando o abc da teologia eclesiástica — e foi deposto da cátedra de catequese. É que a Verdade pode ser veneno para os que não forem capazes de a assinalar devidamente. Não há diferença fundamental entre alimento e veneno; veneno assimilável é alimento alimento ingerido e não assimilado é veneno.

Devido a essa subterrânea afinidade entre a forma erótica de *kundalini* e sua forma mística, costumam todos os livros sacros da humanidade, dentro e fora da Bíblia, revestir os seus ensinamentos místicos de roupagem erótica. Exemplo típico é o Cântico dos Cânticos, cuja inclusão no cânone dos livros sacros de Israel e do Cristianismo seria incompreensível sem essa perspectiva.

Quando a força vital de *kundalini* atinge apenas a zona mental, intensifica ela o seu poder, o qual, consoante o caráter negativo do mental, é nega tivo e destruidor; *kundalini*, na forma do homem mental, é incomparavelmente mais destruidor do que a mesma força vital no plano animal.

Somente quando *kundalini* supera o seu negativismo mental, entra ela na zona positiva do espiritual e realiza o homem integral, em todo o seu esplendor.

## CAPÍTULO 23

# *Kundalini* Kriya Yoga e o evangelho de Cristo

Por mais estranho que pareça, todos os princípios básicos de Kriya--yoga se encontram no Evanvelho do Cristo — e *kundalini* serve de fundamento a ambos.

*Kundalini*, como já dissemos, significa a força vital de todo ser vivo. O seu estado de dormência ou "enroscamento" pode ser maior ou menor, e daí a diferença de vitalidade.

Há, em todo ser vivo, duas leis fundamentais: 1) a da conservação do indivíduo, 2) a da conservação da espécie. Em última análise, porém, essas duas leis biológicas convergem em uma lei única: o instinto básico da conservação do indivíduo. Pois, sendo Brahman (Essência) potencialmente Maya (Existência), é imperioso que a Realidade Universal se individualize sem cessar; e por isto, o poderoso instinto da conservação do indivíduo é uma lei cósmica.

Sendo, porém, que a conservação do indivíduo é impossível sem a conservação da espécie — pois esta é a série daqueles — está o instinto sexual a serviço do instinto individual; isto, nos seres superiores onde existe a bipolaridade dos sexos. Enquanto o indivíduo é infantil, ainda incompleto e em ascensão inicial, não desperta nele o instinto sexual, porque não há ainda necessidade deste impulso, nem o organismo infantil suportaria indene a transmissão de uma parte da sua vitalidade. Quando, porém, o indivíduo se aproxima do zênite da sua vitalidade — que preludia ao mesmo tempo a sua decadência gradual — então o indivíduo normal sente a imperiosa necessidade da união sexual, porque somente através desta pode ele garantir a continuação da sua vida individual. O amor sexual é um pressentimento da morte dos indivíduos que se amam. Quem transmite o germe da vida perde uma parcela do direito à sua própria vida. Por isto, a virgindade se chama também "integridade" — assim como a perda da virgindade é uma espécie de "desintegração". Pai e mãe, depois de transmitirem parte da sua vitalidade à prole já não são vitalmente íntegros. Diminuíram o seu direito à existência.

Pouco a pouco, o invólucro externo dos indivíduos masculino e feminino perece, mas o seu conteúdo interno, a vida bipolar agora unipolarizada no filho, essa continua nos descendentes.

Por onde se vê que tanto o instinto de conservação individual como o da união sexual atuam sob o signo da *imortalidade*, ou pelo menos da *sobrevivência*, que é uma forma de imortalidade relativa. Sendo, porém, que, no plano dos organismos infra-humanos, a única forma de imortalidade é a imortalidade racial da espécie, e não do indivíduo, segue-se que essa espécie de imortalidade é sucessiva, realizada em prestações, e assim se explica a veemência do instinto sexual em todos os indivíduos vivos — pois é o *clamor da imortalidade*.

E esse clamor é a voz existencial da Essência cósmica de Brahman. Brahman não pode deixar de se manifestar como Maya, e por isto deve continuar a existir; se não puder existir em imortalidade simultânea e individual, como em Atman, deve pelo menos imortalizar-se sucessivamente em Maya.

E, para que esse instinto sexual da imortalidade não falhe em sua permanente atuação, é ele acompanhado invariavelmente pela *libido*, que é um intenso prazer biológico, espécie de êxtase ou embriaguez da carne; o orgasmo é a mais intensa forma do egoísmo, que coincide com o momento da emissão do elemento masculino e sua recepção pelo organismo feminino.

Esse prazer é uma felicidade carnal, apetecida por si mesma como um fim, e não como meio para outro fim. A libido não cogita absolutamente da procreação de um novo indivíduo, mas age automaticamente a serviço do prazer egoísta, quer resulte quer não resulte em filho. Atribuir altruísmo à libido é absurdo. A libido é 100% egoísta e 0% altruísta. Se altruísmo é amor, então não há um vestígio de amor na libido, mas sim puro egoísmo. Dizer, portanto, que o filho é fruto de dois amores é um contrasenso absurdo, e dizer a uma criança que deve ser grata a seus pais por lhe terem dado a vida, é ridículo.

A libido age por causa de si mesma, por causa do intenso gozo que acompanha a união sexual.

A libido não tem finalidade *transcendente*, mas é toda *imanente*.

Nos seres infra-humanos não há separabilidade entre o prazer libidinoso imanente no ato sexual e o efeito transcendente da concepção da prole. Quando o animal goza sexualmente resulta o filho automaticamente.

No indivíduo humano, porém, pode haver separação entre o gozo da libido sexual e a procreação de um novo indivíduo. A humanidade de hoje chegou a tal grau de sagacidade e perversidade que, na maioria das uniões sexuais, é evitada acintosamente a concepção de uma prole, e, no caso que seja concebida contra a vontade dos dois egoístas libidinosos, não faltam meios e modos para destruir essa vida inicial, prevenindo a sua ulterior evolução e nascimento.

No gênero humano, a libido chegou ao ponto de perversão que creou a mais estupenda monstruosidade em forma de homossexualismo e de amor lésbico — libido entre homem e homem e entre mulher e mulher.

E mesmo que nasça um filho, não se pode afirmar que seja fruto do amor; em 99 casos sobre 100, é ele um simples *by-product*, um subproduto que casualmente resultou da libido do *anér* e da *gyné*, e não do amor do *ánthropos* masculino e feminino.

Qual a conseqüência desse fato quase universal? Se o corpo hbmano nasce da fusão de duas libidos, de dois intensos egoísmos — que perfeição superior poderia ele possuir? Será que dois egoísmos altamente libidinosos podem produzir um organismo isento de mazelas, de sofrimento, de moléstias e da morte? Se é pelos frutos que se conhece a árvore, também se conhece o fruto pelas árvores.

No animal não pode haver amor, porque só existe libido, e por isto o corpo animal é necessariamente corruptível e mortal. Mas no homem existe a possibilidade de crear vida perfeita pelo amor; se, apesar disto, o homem continua a crear vida imperfeita pela libido, como se fosse animal incapaz de amor, há nisto uma tara ou culpabilidade. Não-poder isenta o animal de fazer; mas poder-e--não-fazer acarreta ao homem um estado de permanente sofrimento.

Quem pode, deve, e quem pode e deve e não faz, crea débito — e todo débito gera pena.

* * *

Estranharão alguns leitores o fato de afirmarmos que a procreação de um novo indivíduo humano poderia ser fruto do amor, em vez de ser da libido. Já tratamos deste ponto em outro capítulo, mas resolvemos voltar ao mesmo.

Os grandes iluminados de todos os tempos e países sabiam e

sabem que a força vital de *kundalini* aparece em formas várias: vital, mental, espiritual. A *kundalini* vital pode ser potencializada às alturas do mental, e do espiritual. Em seu plano vital produz ela o corpo material; no plano mental crea o corpo astral; nas alturas do espiritual produz o corpo-luz. Este último é o único corpo incorruptível, imortal.

O exemplo histórico mais estupendo dessa creação de um corpo isento de doenças e da morte compulsória é o de Jesus. Gerado pela fusão de espírito e carne, estava ele isento dos males da geração carne-carne. Por isto, já durante a sua vida terrestre passuía ele o poder de isentar o seu corpo de todas as mazelas e fraquezas a que o nosso corpo está sujeito; podia torná-lo invisível, intangível e imponderável a bel-prazer, andar sobre as águas e flutuar livremente no espaço, intensamente luminoso.

A Kriya-yoga do oriente e o Evangelho do Cristo se referem a esse corpo perfeito e imortal, creado pela "compreensão" da "verdade libertadora".

O Nazareno fala de três classes de pessoas que se abstêm da vida sexual: 1) os que por natureza são fisicamente deficientes; 2) os que foram mutilados sexualmente; 3) os que a si mesmos se abstêm da procreação "por amor ao reino dos céus", e isto não por *compulsão*, nem por *sublimação*, mas por *compreensão*. "Quem puder compreendê-lo compreenda-o!" Esta terceira classe não é de indivíduos fisicamente incompletos, mas sim daqueles que atingiram tão alto estado de plenitude espiritual que, pela compreensão da sua verdadeira natureza, deixam de crear imortalidade racial, realizando a imortalidade individual. Nenhuma *alo-compulsão*, nenhuma *auto-compulsão* — unicamente *auto-compreensão* move esses homens.

Esse é o mais alto estado de evolução, precedido por dois outros, o da procreação carne-carne, e o da procreação verbo-carne. O gênero humano está ainda no primeiro plano, puramente animal, quando, segundo os livros sacros, podia ter atingido o segundo plano. Se o homem, em vez de comer apenas do "fruto da árvore do conhecimento" (libido físico-mental) tivesse comido do "fruto da árvore da vida" (amor ou eros espiritual), teria o poder de procrear corpos imortais. "Quem não nascer do espírito e da água não pode
ver o reino de Deus" — quem não for gerado pelo poder do espírito atuando sobre a matéria (água é o símbolo da matéria em geral) não possui corpo imortal.

A Kriya-yoga faculta ao homem superar plenamente a libido sexual, podendo, se quiser, procrear pelo amor espiritual, e podendo também abster-se totalmente da procreação — e isto não em virtude de uma alo-compulsão nem sequer de uma auto-compulsão, mas sim de uma auto-compreensão.

Muitos confundem essa auto-compreensão com auto-compulsão, geralmente chamada *sublimação*. É sabido que a sublimação erótica é possível; basta que o homem focalize intensamente um ideal — seja religioso, científico, artístico, filantrópico, etc. — e verá que a força do instinto libidinoso decresce na razão direta que o entusiasmo por esse ideal cresce. Neste caso, a libido não deixa de existir, mas é eclipsada por um entusiasmo maior em outra direção, assim como a lua e as estrelas, continuando a existir no céu durante o dia, são ofuscadas pelo fulgor mais intenso do sol e por isto são como inexistentes.

Essa sublimação é possível, embora sempre venha acompanhada de um sacrifício mais ou menos consciente. É um poderoso dique erguido no meio de caudalosa torrente, dique que deve ser reforçado sem cessar para contrabalançar o ímpeto crescente das ondas do instinto.

No processo cósmico da Kriya-yoga, porém, bem como no da compreensão do Evangelho não se trata de sublimação, e por isto não há sacrifício nem sofrimento, porque não há compulsão de espécie alguma. Em vez de compulsão, há compreensão, e onde há compreensão não há sacrifício, no sentido de sofrimento[1]. O sacrifício doloroso da sublimação é substituído pelo sacrifício gozoso da compreensão. Aqui não se trata mais de erguer um dique possante no meio da impetuosa torrente do Eros biológico, que é a libido, mas sim de subir até à própria nascente das águas e, desde a sua primeira origem divina, desviar suavemente as águas puras em outra direção, sem nenhuma violência à natureza humana, uma vez que a verdadeira e autêntica natureza é o Eu divino do homem, que ignora sexo e libido.

A suave compreensão da verdade dispensa a violenta compulsão do instinto libidinoso. Quando o amor libertador da verdade atinge o supremo zênite da compreensão, então a libido escravizante desce ao ínfimo nadir da compulsão. E o doloroso sacrifício da renúncia passa a

---

[1] Verdade é que há "sacrifício" no verdadeiro sentido etimológico do termo "Sacrifício" vem de *sacrum facere*, fazer coisa sacra; a coisa mais sacra que existe é amor de compreensão ou compreensão por amor. Quem faz esta coisa sacra superou o sofrimento, porque entrou na liturgia da mais alta sacralidade. Realizou o "sacri-fício", o feito sagrado, com inefável amor e alegria.

ser o gozoso *sacrificium*, o *sacrum facere*, o feito sagrado do amoroso entusiasmo pela verdade redentora. E solucionado está o mais trágico problema do homem sobre a face da terra: o homem carnal é libertado pelo homem espiritual...

Quem puder compreendê-lo compreenda-o!
É esta a mensagem central do Evangelho e da Kriya-yoga.

## CAPÍTULO 24

# Kundalini e a alquimia dos hormônios exógenos e endógenos

A ciência distingue, no homem e na mulher, entre hormônios *exógenos* (ou exócrinos) e hormônios *endógenos* (ou endócrinos), elaborados ambos pelos respectivos órgãos genitais, testículos e ovários. Os elementos exógenos se destinam à procreação de um novo indivíduo humano, oriundo da fusão de duas células complementares, espermatozóide e óvulo. Os elementos endógenos são transmitidos ao sangue do próprio indivíduo e produzem os característicos pessoais do homem e da mulher.

Os elementos exógenos cream um novo indivíduo separável dos genitores, garantindo assim a perpetuação da espécie humana no setor racial — os endógenos vitalizam os genitores no plano individual, masculino e feminino.

*Kundalini*, a força vital da serpente, preside tanto a este como àquele processo. Para o homem comum termina aqui o poder e a função de *kundalini*: a impermanência do indivíduo garantindo a permanência da espécie; isto é, a sucessão de indivíduos mediante a procreação sexual. É um processo de mera *extinsificação horizontal*, e não de *intensificação vertical*.

Para o iniciado, porém, existe uma espécie de alquimia capaz de transformar os elementos exógenos em elementos endógenos, sustando assim o processo da procreação *quantitativa* e *sucessiva* em prol do aperfeiçoamento *qualitativo* e *simultâneo* do indivíduo. É perfeitamente lógico que, se a impetuosa torrente creada pelo poder serpentino dos elementos exógenos (libido carnal, erótica) for transmudada em elementos endógenos (erótica espiritual, mística), essa torrente produza incremento tal que a imortalidade sucessiva da espécie se condense na imortalidade simultânea do indivíduo. O *ex-*

*tenso* horizontal da espécie acabará no *intenso* vertical do indivíduo. O *ánthropos*, indiferente a perpetuar, como *anér* ou *gyné*, a espécie, perpetuará o próprio indivíduo.

Aqui, porém, chegamos a uma perigosa encruzilhada. Não é possível, sem grave prejuízo, represar a impetuosa torrente da libido por meios compulsórios — sejam alo ou sejam auto-compulsórios; não é possível, sem mais bem menos, erguer um dique no meio da torrente; a biologia do homem normal não respeitará a barragem; as águas continuarão a subir, exercendo pressão cada vez maior sobre a muralha do dique, até derribá-la ou superá-la, alagando todas as regiões inferiores. A simples compulsão ascética é, por via de regra, contraproducente. Homens desse tipo vivem em um permanente cio libidinoso, mais deletério para sua evolução espiritual do que a periódica neutralização da libido.

Se, todavia, o homem continente conseguir canalizar a sua libido em outra direção — espiritualidade, filantropia, ciência, arte, obras sociais, etc., e se estes, derivativos tiverem a força suficiente para contrabalançar eficazmente o natural impacto da libido, então, em muitos casos, é possível a sublimação dessa força. Em última análise, o livre-arbítrio é um poder que não está sujeito à escravidão da *causalidade mecânica*; basta que o poder libertador da *causalidade dinâmica*, que é do Eu humano, do *ánthropos*, seja maior que aquela, que é do ego masculino-feminino do *anér* e da *gyné*. Em tese, a auto-determinação do Eu humano pode neutralizar o alo-determinismo do ego sexual.

Há, todavia, outro processo que mais se parece com uma *alquimia cósmica* do que com uma *sublimação ascética*, e que é o segredo esotérico da *Kriya-yoga*; supõe uma compreensão e experiência tão profunda e integral do próprio Eu humano que pouquíssimas pessoas a alcançarão plenamente. Nos domínios dessa alquimia cósmica não se trata mais de erigir um dique no meio da torrente erótica, mas sim de demandar a própria nascente das águas vivas, lá onde não existe ainda a bifurcação da caudal, onde não há erótica nem mística, separadamente, mas onde impera ainda a ilimitada força cósmica da proto-natureza humana como tal, pré-sexual, lá onde não vigora nem o *anér* nem a *gyné* com sua libido sexual, mas onde vive o *ánthropos* com o seu Eros metafísico. Do silencioso recesso desse Everest, onde as águas vivas brotam puríssimas, pode o homem auto-compreender-se e canalizar a torrente da *arqui-kundalini* única para onde quiser, sem nenhum esforço sacrificial, sem nenhum ascetismo compulsório.

Todo sacrifício vem duma boa-vontade sem compreensão cabal, do conflito entre instinto e espírito; mas aqui, na primeira origem das águas vivas e virgens, não há ainda bipolaridade contraditória entre instinto e espírito; e por isto também não existe o sacrifício de uma sublimação ascética, de uma violenta e dolorosa derivação da torrente vital. A profunda e integral compreensão do ánthropos como ánthropos torna supérflua qualquer compulsão por parte do anér ou da gyné. A compulsão é do ego insipiente, a compreensão é do Eu sapiente.

"Quem puder compreendê-lo compreenda-o!..."

Essa compreensão, porém, está estreitamente relacionada com a "graça do mestre", da qual sabem os iniciados em Kriya-ioga, graça que não pode ser verbalizada nem mentalizada, porque pertence ao mistério dos árreta rémata (ditos indizíveis). Essa graça ou aura, ou irradiação, é a invasão do Infinito na zona do Finito, e exige, geralmente, uma individualidade humana que já possua em alto grau esse poder divino, para que dela possa fluir uma "indução" para outro indivíduo ainda menos plenificado. E essa torrente de "indução" se chama fé, ou fides, fidelidade ou indoneidade receptiva entre o recipiente e o emissor.

\* \* \*

Praticamente, essa evolução ascensional do ser humano percorre diversos estágios.

A primeira etapa é a de um perfeito equilíbrio entre *instinto* e *espírito*, entre a servidão carnal do anér e da gyné, por um lado, e a liberdade do *ánthropos*, por outro. Essas duas forças, sexual e humana, ainda agora desequilibradas, no homem profano, têm de ser devidamente equilibradas; o fiel da balança entre instinto e espírito tem de ficar em perfeita vertical, nivelando as duas conchas do ego escravizante e do Eu libertador. O homem perfeito não é aquele que não tem instinto, mas sim aquele que pode com a mesma facilidade *fazer* ou *não fazer* o que o instinto pede. No animal existe uma linha única, a do *fazer* o que o instinto exige com imperiosa *causalidade mecânica*; no homem existem duas linhas, a do *fazer* e a do *não fazer* o que o instinto quer, existe a gloriosa *causalidade dinâmica* do livre-arbítrio. No homem comum o fazer é poderoso, o não fazer é fraco, a física derrota a metafísica, o dever da matéria sobrepuja o querer do espírito. No homem superior, os dois pólos se equilibram mutuamente — e isto é o primeiro passo para a grande libertação.

No segundo plano evolutivo, dá-se um fenômeno geralmente desconhecido na humanidade do presente: realiza-se uma fecundação pela virtude do Verbo, isto é, da vibração metafísica, em vez da vibração física, como expusemos em outra parte. Essa fecundação metafísica, pelo Verbo imaterial, em vez do esperma material, estava prevista no Gênesis, e foi frustrada, realizando-se na virgem Maria, que concebeu pelo "poder do Altíssimo", pelo "espírito santo" (sopro cósmico), produzindo por isto um corpo perfeito e incorruptível.

Neste caso, a libido carnal é substituída pelo Amor (Eros) espiritual — o homem comeu da "árvore da vida", e não apenas da "árvore do conheci mento"; *kundalini* atingiu elevado grau de evolução ascensional. O indivíduo, assim verbogerado, possui por isto mesmo corpo perfeito e imortal, fruto de dois amores espirituais.

Na terceira fase evolutiva cessa a multiplicação de indivíduos humanos, porque toda a força vital, até agora dispersa na imortalização da espécie, se condensa na imortalidade do indivíduo; os elementos da procreação exógena-extensiva são transmudados em elementos de creação endógena-intensiva. A vasta linha horizontal da quantidade se converteu na profunda linha vertical da pura qualidade. Nessa última etapa, cessa não somente o morrer, mas também o nascer, que ainda existia na segunda fase; aqui, onde o viver atingiu o clímax da sua intensidade e perfeição — o grande, profundo e integral VIVER, a Vida sem nascimento nem morte, Vida plena e eterna — surge, finalmente, o homem cósmico, o "filho do homem" em toda a sua plenitude. O sansara, em todas as suas variantes, culminou no único nirvana.

O que acabamos de expor parecerá extremamente fantástico a muitos leitores, porque não ingressaram ainda na zorra da experiência imediata e intuitiva. Na realidade, porém, todas essas fases estão latentes, embrionariamente, nas profundezas da natureza humana, e podem ser despertadas pela onipotência do livre-arbítrio. O homem não é a sua pequena atualidade histórica que hoje parece ser, mas sim a sua grande potencialidade cósmica, que não parece ser. E potencialidade é realidade, embora ainda dormente. Ninguém se torna explicitamente o que não é implicitamente. O existir não é senão o Ser em estado imperfeito, assim como o Ser é o existir em forma perfeita.

Assim como todo homem normal de hoje pode gerar outro ser humano dotado da faculdade da inteligência — o que nenhum animal pode — transmitindo-lhe, pela esperma-geração, a sua natureza mortal, de modo análogo poderá o homem de amanhã verbo-gerar outro indivíduo de corpo incorruptível, suposto que ele mesmo (homem e mulher) tenham assimilado o "fruto da árvore da vida".

E, na plenitude dos tempos, a quantificação dos indivíduos humanos será substituída pela qualificação do próprio indivíduo; o homem deixará de multiplicar homens; deixará de prolongar horizontalmente a humanidade, seja por esperma-geração, seja por verbo-geração — porque o homem se imortalizou a si próprio verticalmente, focalizado no centro do seu divino Eu. A perfeição do seu intenso VIVER dispensará a imperfeição do seu extenso nascer e morrer. Esse VIVER assumiu caráter absoluto e único, fora de tempo e espaço no Eterno e no Infinito. A VIDA ETERNA hasteou a bandeira da vitória sobre nascimentos e mortes temporários...

O homem de hoje, ainda escravo do instinto, passará a ser o homem de amanhã, senhor do instinto pelo equilíbrio do espírito — e o homem do futuro abandonará a horizontal do nascer e do morrer e ascenderá pela vertical do Viver único e universal ao Homem Crístico — ao "filho do homem", ao homem por excelência...

◻

## CAPÍTULO 25

# Gabriel, o "varão divino" — pai de Jesus

Há, nos livros sacros do Cristianismo, um grande enigma em torno de José, o carpinteiro galileu. Mateus e Lucas elaboram extensas genealogias dele, evidentemente para mostrar os canais milenares por onde fluiu a substância humana do corpo de Jesus — e, de repente, cortam a ponte e afirmam que o Nazareno não era filho de José, mas tão-somente de Maria, a qual o concebeu pelo poder do Altíssimo, por um espírito santo.

Para que então essas extensas genealogias dos antepassados de José?

Existe uma literatura imensa sobre este particular. Mas nenhum dos livros que conheço desvenda o mistério. Os teólogos das igrejas cristãs, aferrados ao texto material do Evangelho, se refugiam ao "mistério", ao "sobrenatural", que se deve aceitar e crer, e não analisar e compreender. Os cépticos e profanos acham que o texto foi truncado, falsificado ou interpolado, em séculos posteriores à sua imagem, e consideram José como pai físico de Jesus. E, para justificar essa sua atitude, apelam para lendas e mitos sobre a concepção virginal de outros avatares da humanidade, como Krishna, etc., dos quais se afirma coisa idêntica. Por detrás dessas fábulas sobre maternidade virginal, dizem eles, está latente a velha ideologia de que uma alta espiritualidade é incompatível com a atuação do sexo, e, por conseguinte, não podiam os corifeus espirituais da humanidade ter entrado na existência através do homem e da mulher.

Em face dessas obscuridades e paradoxos, tentei, ultimamente, abandonar a zona das vibrações da conhecida análise intelectual, sempre unilateral e incerta, e sintonizar a alma com as *irradiações* da ignota zona espiritual, intuitiva, cósmica.

Quando deixamos de ser *ego-pensantes* e nos tornamos *cosmo-pensados*, recebemos revelações que nenhum esforço consciente poderia produzir, nem a mente analítica poderá compreender. Estamos então na zona dos *árreta rémata* (ditos indizíveis).

O que vou expor nas seguintes páginas não é, propriamente, dizível, nem sequer pensável — mas pode ser intuído e vivido no *zênite* do espírito e no *nadir* do intelecto.

O evangelista Lucas, médico grego, que afirma ter investigado cuidadosamente todas as fontes sobre a vida de Jesus, descreve a visita que um arauto celeste fez à virgem Maria, em Nazaré, anunciando-lhe a encarnação do Lógos (Verbo), do Cristo Cósmico que, em forma pré-humana, existia "antes que o mundo fosse feito".

O texto é por demais conhecido. Quando Maria ouve que ela será mãe de Jesus, e como ela soubesse por revelação anterior que essa encarnação não seria por intermédio de um *anér* (palavra grega para varão, macho), ela começa a sondar se o estranho arauto sabe o que ela sabia. "Não conheço varão", diz ela. Conhecia, sim, José, pois era noivo dele, mas não o conhecia como varão, como *anér*, senão apenas como *ánthropos* (ser humano).

O misterioso arauto faz entender que sabe dessa não-cooperação de um homem como varão, mas que a fecundação se dará de outro modo: "Um espírito santo virá sobre ti e o poder do mais alto te envolverá como em uma nuvem".

Nestas palavras do arauto, que é chamado Gabriel (gabri = homem, el = Senhor, o homem divino, o varão de Deus) está todo o segredo da concepção de Maria. Antes de tudo, convém restabelecer o texto grego do primeiro século, que diz "um espírito santo" (e não o Espírito Santo, como dizem os teólogos). O texto grego não traz artigo definido, o que quer dizer "um" espírito.

Espírito é sinônimo de sopro, hálito, aura.

O adjetivo *"hágion"* (*pnéuma hágion*, espírito santo) é traduzido comumente por "santo"; mas santo é sinônimo de universal, total, cósmico (cf. em inglês *whole* = total, e *holy* = santo, ou em alemão *heil* = total, e *heilig* = santo, conservando o mesmo radical para a idéia de *total* e a de *santo*). Poderíamos traduzir: "Um sopro cósmico virá sobre ti".

"O poder (*dynamis*, em grego) do mais alto te envolverá como em uma nuvem". Nuvem, em grego, é *skiá*, cujo radical coincide com o da palavra hebraica *shekinah*, que era aquela nuvem luminosa que, de vez em quando, pairava sobre a arca da aliança, simbolizando a presença de Yahveh.

Quando Maria disse: "Eis aqui a serva do Senhor! faça-se em mim segundo o teu verbo" (vibração), então o verbo (a vibração do sopro, do poder, da nuvem) se fez carne e habitou nela em forma do corpo embrionário de Jesus.

Quem a fecundou?

Não o José-*anér* — sim o José-*ánthropos*, o "homem divino", o gabri-el. Ou então esse "homem divino", Gabriel, serviu de intermediário e veículo para que o "sopro sagrado", o "poder do mais alto" — isto é, o corpo imaterial (astral, etérico ou espiritual) de José atuasse sobre Maria, envolta na "nuvem luminosa" da *skiá*, assim como a shekinah envolvia antigamente a arca sagrada de Israel, na qual repousavam os símbolos e os penhores da aliança de Deus com seu povo eleito (cf. a invocação na ladainha "Arca da Aliança").

Objetarão os inexperientes que a vida não pode ser veiculada senão por meio de veículos materiais, neste caso, por espermatozóides físicos. Normalmente assim acontece; mas isto não prova que de outro modo não possa acontecer.

Se ao menos soubéssemos o que é o mistério chamado "vida"!...

E se soubéssemos o que é esse outro mistério, esse ignoto X, chamado "matéria"! Os materialistas ingênuos, é verdade, julgam saber o que é matéria, porque confundem a íntima essência da matéria com os seus atributos funcionais.

Logo após o encontro com o anjo Gabriel, diz o texto, se dirigiu Maria apressadamente às montanhas da Judéia, a fim de visitar sua parenta Isabel, que se achava no sexto mês de gravidez; queria felicitá-la pela sua inesperada maternidade e oferecer-lhe os seus serviços, durante esse período.

Ora, Isabel e Zacarias moravam na Judéia, sul da Palestina, num vilarejo montanhoso que a tradição chama Ain—Karim. De Nazaré à Judéia leva-se, a pé, uns cinco dias. Maria faz sozinha esta viagem; pois, embora noiva de José, não era ainda casada — isto é, não habitava com ele sob o mesmo teto, embora, entre os hebreus, o noivado equivalesse a um casamento, mas sem coabitação dos cônjuges. José nada sabia ainda do que ocorrera com Maria, em Nazaré.

Isabel, por súbita inspiração, saúda Maria como sendo a "mãe de meu Senhor", conhecendo, portanto, o fato da encarnação do Verbo, que todos ignoravam ainda. Maria ficou três meses em casa de Isabel, até o nascimento de João. Depois, diz o texto, regressou "para sua casa", em Nazaré, e não para a casa de José, que tudo ignorava. Só mais tarde percebe José a gravidez de sua noiva, e recebe explicação do fato, durante o sono, por um arauto divino.

Tudo isto confirma o que o anjo Gabriel dissera a Maria.

\* \* \*

Em nossos dias de "inseminação artificial", são guardados no laboratório, em estado de congelamento, durante anos a fio, os germes masculinos, latentemente vivos, podendo servir para a fecundação de um óvulo feminino. Segundo as últimas estatísticas, há, só nos Estados Unidos, mais de 100.000 famílias cujos filhos nasceram por meio de inseminação artificial. Nesse processo, o pai está invisivelmente presente, em forma dos seus espermatozóides, e pode estar presente simultaneamente em centenas e milhares de lugares, onde quer que exista um desses microscópicos germes vivos, mesmo em estado de total congelamento. E se, algum dia, esses veículos materiais congelados puderem ser conservados sem nenhum substrato material, e transmitidos por veículos puramente energéticos? ... E se essa transmissão, do homem para a mulher, fosse feita por uma espécie de "sopro", de "nuvem", de aura" — talvez por um intenso ato de amor, durante o êxtase, o *samadhi*?... Matéria, luz, vida — haverá diferença essencial entre elas?...

Não teria essa transmissão do poder fecundante de José se realizado durante o sono, como durante o sono lhe foi revelado, mais tarde, que ele era o pai, o pai metafísico, de Jesus?... Quando o arauto lhe diz: "Não temas, José, em levar para casa Maria *tua mulher*", dá ele a entender que Maria é realmente sua mulher, esposa dele, e que ele é realmente o marido, o esposo dela. Até essa data, Maria é sempre chamada *noiva* ou *virgem*; mas, pela primeira vez, a partir da misteriosa concepção, é ela apelidada explicitamente *"gynaika"*, que é o acusativo de *"gyné"*. Também agora continua ela a *"parthénos"* (virgem) em sentido físico, mas é também *"gyné"* (mulher), por ter sido fecundada metafisicamente. É, pois, de pleno direito que lhe compete o nome de virgem-mãe, *"parthénos-gyné"*.

Tudo faz crer que a fecundação de Maria tenha vindo de José, não do *anér* como tal, mas do *ánthropos*, naturalmente do *homem-masculino*, mas não simplesmente do *varão-macho*. A sua paternidade é real, Metafisicamente real. E isto justifica também as longas genealogias de Mateus e Lucas, que procuram mostrar através de que canais e meandros fluíram os elementos humanos da paternidade metafísica de José.

À luz da avançada física nuclear dos nossos dias é bem mais plausível essa hipótese do que em séculos pretéritos. A ciência provou que a matéria pode assumir os aspectos mais variado, até à mais refinada "imaterialidade". Matéria, diz Einstein, é energia congelada; e energia é luz condensada.

Um bloco de gelo é matéria sólida; o mesmo, depois de degelado, aparece como água líquida; submetendo a água a certa temperatura, transforma-se em vapor; passando uma corrente elétrica pela água, não teremos mais água nem vapor, e sim dois gases invisíveis, altamente inflamáveis, hidrogênio e oxigênio; sob o impacto de um ciclotron, a matéria se desintegra em átomos; prosseguindo a desintegração, só teremos prótons e eléctrons; depois da fissão do núcleo, teremos os seus últimos componentes, prótons, nêutrons, mesons, etc. E, remontando para além desses, culminamos na luz cósmica, que, segundo Einstein, é a base de todos os elementos da química e de todas as substâncias materiais. Será que a luz cósmica ainda é matéria? Certamente não no sentido usual do termo.

Será que a vida só poderá ser veiculada pela matéria sólida? Ou também pela matéria meramente energética? Ou também pela última base da matéria, a luz?

Não poderia um "sopro" (*pneuma*), um "poder" (*dynamis*), uma "nuvem luminosa" (*skiá, shekinah*) servir de veículo da vida, se a vida é ainda menos material que a própria luz cósmica?...

Tempos futuros responderão a essas perguntas. O que ontem parecia impossível, hoje é realidade. O que hoje parece absurdo, amanhã será considerado razoável...

Bem dizia o arauto: "A Deus nada é impossível", ou, como diz o texto grego de Lucas: "Com Deus não é impossível *pan rema*", toda a coisa.

Em resumo e síntese:

O corpo imaterial do homem, que é o corpo imortal (corpo-luz) é a base e quintessência do nosso ser humano — como também do Universo. Neste centro último, o *ánthropos* e o *kósmos* são concêntricos — "vós sois a luz do *kósmos* (mundo)".

Quando o homem dorme profundamente, sem sonhos, só o seu corpo-luz permanece consciente. E, se, nesse estado, tem consciência de algo, esse algo representa a realidade. É nesse estado de sono profundíssimo que acontecem as "mensagens proféticas" (cf. José do Egito, José de Nazaré).

Foi nesse estado que "o Verbo se fez carne". A consciência do

corpo material de José nada sabia da fecundação da Virgem; o corpo-
-luz de José atuou sobre o corpo-luz de Maria. O "poder do mais alto"
veio sobre Maria, e o "sopro sagrado" (espírito santo) a envolveu
como em uma nuvem de luz.

Mais tarde, também nesse estado de sono profundo, teve José a
mensagem profética de que Maria era realmente a sua *gyné* (mulher)
e que ele era realmente o *anér* (varão, marido) dela. José e Maria
não atuaram como macho e fêmea, através de uma união física; mas
atuaram como *anér* e *gyné*, no plano metafísico do duplo *ánthropos*,
do *ánthropos masculino* e do *ánthropos feminino*. Assim como uma
luz acende outra luz, sem se diminuir nem lesar a outra, assim atuou
o corpo-luz do *ánthropos-anér* José sobre o corpo-luz do *ánthropos-
-gyné* Maria, em perfeita integridade de parte a parte. E assim o corpo
do Cristo Cósmico, a "luz do mundo", passou a ser o corpo do Cristo
Telúrico, materializado no corpo humano de Jesus de Nazaré — "o
Verbo se fez carne".

As genealogias de Mateus e Lucas procuram mostrar através de
que canais milenares fluiu a substância imaterial do corpo-luz de
José, até atuar, finalmente, sobre o corpo-luz de Maria — e da união
metafísica dessas duas flamas se originou o corpo humano do Cristo
Cósmico, "cheio de graça e de verdade".

◪

## CAPÍTULO 26

# "Filho do homem" — "filho de mulher"

O "Filho do Homem" — é este o título por excelência que o Nazareno dá a si mesmo; dezenas de vezes ocorre esta designação nas páginas do Evangelho, e invariavelmente aplicada, com exclusividade, ao Cristo. O próprio João Batista, embora avançadíssimo em evolução espiritual, é ainda chamado "filho de mulher".

Por que só o Cristo é chamado, em seu veículo Jesus, o "Filho do homem"?

Porque só ele terminara o ciclo total da sua evolução de *ánthropos*, do ser humano como tal; não estava mais sujeito ao escravizaste *sansara* (*kyklos anánke*) das fastidiosas metamorfoses do indivíduo imperfeito, que tem de migrar de persona em persona, de máscara em máscara, para realizar a sua paulatina plenificação individual.[1]

Mas, não nasceu Jesus através da mulher? Não contam Mateus e Lucas que a sua concepção não se fez através do homem, José? Que Maria foi fecundada pelo "poder do Altíssimo", por um "espírito cósmico" (santo)? Não devia, pois, Jesus ser chamado, mais do que outro ser humano, "filho de mulher"?

---

[1] Essas metamorfoses e migração não incluem necessariamente o processo de reencarnação, como muitos pensam, o regresso a um corpo material, aqui na terra; mas designam um processo de corporificação em vários veículos e em estâncias várias do cosmos. A identidade permanente do Eu (indivíduo) humano se serve das alteridades transitórias de egos (pessoas, personalidades), colhendo através de cada uma dessas máscaras temporárias as experiências próprias da respectiva estância cósmica, porquanto "há muitas moradas em casa de meu Pai".

De fato, á primeira vista, assim parece. Entretanto, não confundamos o *ánthropos*, o ser humano por excelência, com o *anér* (varão). Gabriel (gabri = varão, el = Senhor) é o "varão divino", o "esposo espiritual", o genuíno *ánthropos*, ao passo que o varão, o macho, é simplesmente o complemento carnal da fêmea humana. No mundo animal há macho e fêmea — não há *ánthropos*, nem *anér* e *gyné*.

Sabemos que o *anér* físico, o macho, não fecundou Maria, mas sim, o *ánthropos*, o *anér* metafísico; não o José material, mas o José espiritual.

Assim, Jesus não é filho de *anér* e *gyné* físicos, de macho e fêmea, mas "filho do homem", filho autêntico do *ánthropos*, tanto do *ánthropos* José como do *ánthropos* Maria.

Como já dissemos alhures, é inexato negar simplesmente a paternidade de José relativamente a Jesus; o que negamos é apenas a sua paternidade física, de varão (macho); mas afirmamos a sua paternidade metafísica, de homem (ser humano). Do contrário, que sentido teriam as longas genealogias de José apresentadas por Mateus e Lucas? Se não houve nenhum liame entre José e Jesus, por que todo esse cuidado de apresentar os ascendentes humanos do Nazareno? Não é para mostrar através de que canais fluiu e se foi aperfeiçoando o elemento humano, altamente sublimado, do pai metafísico de Jesus?

O desconhecimento da paternidade metafísica de José levou alguns setores do Cristianismo organizado a negar simplesmente qualquer espécie de paternidade de Jesus da parte de José, deixando em suspenso e sem solução as longas genealogias dos ascendentes de José. Outros preferiram afirmar simplesmente a paternidade física do carpinteiro galileu, desmentindo cinicamente os evangelistas e recorrendo ao expediente cômodo e superficial de admitirem falsificação ou interpolação posterior ao texto primitivo dos relatos evangélicos.

O Nazareno é, pois, o "Filho do Homem", mas não o "filho de varão" (macho).

Ele é o puro produto do *ánthropos* José que fecundou o *ánthropos* Maria, pela *vibração humana do verbo*, e não pela *vibração animal do esperma*. Nos homens comuns, a energia vital masculina tem de ser transmitida ao óvulo feminino por meio de um veículo físico, os espermatozóides. Faz-se mister, portanto, um contacto entre ele e ela — seja contacto natural, seja contacto artificial, por inseminação em laboratório, como acontece nos últimos tempos — em qualquer hipótese, é necessário um contacto físico, direto ou indireto, entre os espermatozóides masculinos e o óvulo feminino. A vida, porém, não é material; e, se não é matéria, não há necessidade absoluta de um veículo material; é possível de per si um veículo imaterial. Isto, é claro, supõe alto grau de evolução tanto da parte do *doador ativo* como também da parte do *receptor passivo*, entre o elemento masculino e o elemento feminino. O homem comum e a mulher comum não estão em condições de dar e de receber eficientemente esses elementos; ainda são por demais *anér* e *gyné* (macho e fêmea) e por de menos *ánthropos*. Somente seres humanos mais hominais que animais, é que poderiam realizar uma fecundação tipicamente humana, e não propriamente animal, masculina-feminina, em sentido físico.

E o produto dessa fecundação 100% humana seria também 100% humana — seria uma prole perfeita, um verdadeiro "filho do homem". O *kyklos anánke*, o ciclo compulsório que rege o mundo infra-humano, essa cadeia férrea da causalidade mecânica, estaria cortada, faltaria um elo material, e em lugar da escravizante causalidade mecânica entraria a libertadora causalidade dinâmica, o elemento propriamente humano substituindo o elemento infra-humano, o instinto animal: O poder escravizante do velho alodeterminismo passivo do animal (macho-fêmea) cederia ao poder libertador da nova auto-determinação hominal (*ánthropos* masculino e *ánthropos* feminino). O grandioso *Eros* hominal suplantaria a pequena *libido* animal. E esses dois amores tipicamente humanos dariam origem a um "filho do homem", que nunca poderia ser gerado pela união de dois egoísmos biológicos, falsamente chamados "amor". Na geração comum, o filho não é o produto autêntico do amor de pai e mãe, mas sim o subproduto, por vezes indesejado, do egoísmo sexual de duas libidos, entre macho e fêmea; a satisfação mútua dessas duas libidos, altamente egoístas, é quase sempre, a razão última da união sexual. Por isto, o produto é imperfeito.

Há quem pense que entre os dois primeiros seres humanos — tenham ou não o nome de Adão e Eva — tenha havido a possibilidade de uma fecundação propriamente hominal, quando de fato prevaleceu a fecundação animal — e isto seria o tal "pecado original". Como insinuamos em outra parte, há vários indícios que favorecem essa hipótese; assim, por exemplo, as palavras de Deus a Adão "quem te disse que estás nu? Não é porque comeste do fruto proibido?" O fruto proibido seria, nesta suposição, a união carnal-animal, que implicava em nudez corporal, ao passo que a fecundação espiritual-hominal não exigia nudez. Também as palavras dirigidas a Eva "em dores darás à luz teus filhos, e terás muitos incômodos com a gravidez" parecem insinuar essa interpretação. A fecundação autenticamente humana não acarretaria incômodos de gravidez nem dores de parto, como aconteceu no caso de Maria, graças à fecundação hominal, e não animal. E o produto dessa geração tipicamente humana seria perfeito, fruto de dois amores, e não de duas libidos — seria o "filho do homem".

Segundo o texto do Gênesis, foi a *gyné* que provocou essa espécie de fecundação carnal, à qual o homem — ainda mais *anér* que *ánthropos* — cedeu, quando ele, que representava a *Razão* (o *Lógos*, o espírito), devia ter elevado à sua altura a mulher, representante da *Inteligência* (o *Nóos*) ainda baseada nos sentidos. Segundo Moisés, o homem não falou com a serpente, símbolo da Inteligência, mas somente a mulher lhe prestou atenção.

"Se comerdes deste fruto (da fecundação animal) sereis mortais — se comerdes do fruto da árvore da vida (da fecundação hominal), sereis imortais". Quando o *ánthropos* atinge a altura de "comer do fruto da árvore da *vida* (amor)" e não do *"conhecimento* (libido)", será imortal e gerará corpos dotados de imortalidade.

Note-se que, em linguagem bíblica, *conhecer* e *conceber* têm o mesmo sentido; "Adão *conheceu* sua mulher....". "Não *conheço* varão...". Também hoje em dia usamos a palavra "conceber" tanto em sentido material como em sentido mental: conceber um filho — conceber uma idéia.

O Gênesis dá a entender que o poder de uma fecundação humana continua a existir na humanidade, embora em estado latente, porquanto a "árvore da vida" está sendo guardada pelos *cherubim* e pela *espada versátil*. Quando o homem for assaz maduro em sua humanidade, e superar a sua animalidade, entrará nesse paraíso vedado e gerará prole perfeita, isenta de enfermidades e de mortalidade — verdadeiros "filhos do homem".

Objetará alguém que os corpos animais — sobretudo dos animais selvagens, longe da convivência humana, são corpos mais sadios do que é comumente o corpo humano, o que parece provar o contrário da nossa tese. Entretanto, não nos esqueçamos de que no mundo animal não há possibilidade de uma reprodução que não seja animal. Sendo, porém, que no gênero humano existe, embora ainda em estado latente, essa possibilidade, de reprodução tipicamente humana, pode o homem realizar essa reprodução não-animal — e quem *pode deve*; e, podendo e devendo e não *fazendo*, cria débito, culpa, e todo a culpa acarreta pena, sofrimento.

A humanidade de hoje sofre porque, *podendo* e devendo, não *faz*, constituindo-se devedora em face da justiça do Universo.

Algum dia, "o reino dos céus será proclamado sobre a face da terra" e "haverá um novo céu e uma nova terra" — e esse mundo renovado será habitado pelos "filhos do homem" — pelo autêntico homem humano, que é o homem cósmico, o homem crístico.

Quando o homem atingir, segundo Paulo de Tarso, "a estatura da plenitude do Cristo".

# Epílogo

O poder da serpente, *kundalini*, é a força vital básica do homem, que pode manifestar-se de modos vários.

A forma mais primitiva e comum, na presente humanidade, é a força *vital*, seja individual, seja sexual.

Uma força superior da serpente se revela em força *mental*, cuja manifestação é a ciência em múltiplas ramificações.

A forma mais elevada do poder da serpente se revela na força *espiritual*, que, em filosofia, preferimos chamar racional.

O desperdício descontrolado dessa força básica da natureza acarreta a decadência do homem em algum dos setores da vida, ou em todos os planos ao mesmo tempo. Os nossos rapazes, quando entram na zona da puberdade e descobrem a sua potência viril acompanhada de intenso prazer libidinoso, entram, não raro, em uma fase de decadência mental, em conseqüência da qual são muitas vezes, reprovados em exames, tiram notas baixas e se entregam a toda a espécie de desordens. É que toda a sua atenção está centralizada na zona da libido sexual, que consideram como sendo o centro da vida.

A glândula supra-renal é um misterioso dínamo que irradia a sua energia em diversas direções, alimentando tanto o "salamandra ígneo" dos órgãos genitais (testículos masculinos e ovários femininos), como também o "salamandra luminoso" da substância cerebral, sobretudo o córtex cinzento do encéfalo, responsável pelo poder mental. Quando a glândula supra-renal é excessivamente descarregada rumo aos órgãos sexuais (masturbação freqüente, uso excessivo do sexo, etc.), diminui ou cessa a sua atuação rumo ao cérebro; a pessoa se torna mentalmente entorpecida, podendo chegar a completa idiotice.

É grande a responsabilidade de certos médicos e psiquiatras que fazem crer aos jovens que a abstenção ou disciplina sexual seja fonte de doenças. O Congresso Internacional de Medicina de Oslo, uns decênios atrás, freqüentado por milhares de sumidades médicas de todos os países do globo, votou por unanimidade apenas 4 teses, entre as quais figura a seguinte: "Nós, os médicos do Congresso Internacional de Medicina, declaramos não conhecer nenhuma doença proveniente da abstenção sexual".

A natureza humana é feita de modo tal que, quando sobrecarregada de elementos sexuais, se descarrega automaticamente, de modo natural e espontâneo, sem nehuma intervenção consciente do homem. Essa descarga natural não deve ser confundida com masturbação provocada, que é vício.

Na mulher, essa regularização obedece a um ritmo periódico mais regular; no homem depende, em parte; de fatores externos, da alimentação, excitação, etc.

Certos diretores espirituais tacham de "pecado" essa descarga espontânea dos elementos sexuais do homem, confundindo necessidade com vício.

Toda vez que a indisciplina sexual substitui a biologia sadia, comete o homem um atentado contra sua própria natureza, diminuindo a sua potência em algum setor, debilitando-se no plano *vital*, *mental* ou *espiritual*, obrigando *kundalini* a servir a uma *parte* (ego físico) em detrimento do *Todo* (Eu).

A natureza humana necessita de uma determinada "voltagem *kundalini*". A deficiência produz males em todos os setores. Por isto, deve o homem manter em si certa "tensão", um certo equilíbrio de libido, que alimenta a sua vitalidade tríplice. A cama de casal é, certamente, uma das mais desastrosas invenções da nossa decadente civilização, favorecendo tragédias conjugais e originando a decadência do homem em todos os planos. Não é só a excessiva ejaculação que debilita o homem, mas também a prolongada excitação que a precede, pela qual a glândula supra-renal e suas aliadas são obrigadas a produzir secreções dezenas de vezes superiores ao seu potencial normal, neutralizando todo o *crédito vital*, rumo a um *débito mortífero*.

Castidade é, antes de tudo, um imperativo biológico.

Castidade não é necessariamente abstenção, mas sobretudo disciplina sexual.

A nossa civilização atual torna sumamente difícil essa disciplina; quase toda a nossa literatura juvenil, o cinema, o rádio, a televisão, a publicidade comercial — tudo gira em torno da idéia do sexo. A nossa educação, tanto leiga como religiosa, como fiz ver no meu livro "Novos rumos para a educação", é de uma ineficiência calamitosa.

Freud e sua escola fizeram um mal imenso à humanidade, fazendo crer que a força básica de toda e qualquer atividade humana seja a libido, o pansexualismo.

Adler, um dos discípulos de Freud, compreendeu o erro do mestre, e substituiu a libido vital pela ambição mental, passando assim da "vontade de viver" (*Der Wille zum Leben*, de Schopenhauer) para a "vontade de dominar" (*Der Wille zur Macht*, de Nietzsche). Adler compreendeu que a mola real da vida humana se acha antes na inteligência do que na carne; mas nem ele teve a visão suficiente para ir até ao fim da jornada.

Somente nos últimos decênios, psicólogos e psicanalistas como Jung, Fromm, Frankl e outros ultrapassaram tanto a libido de Freud como a ambição de Adler, compreendendo, com Henri Bergson, que o *élan vital* mais profundo do homem não é apenas a vontade de *viver* e fazer viver, nem a vontade de *viver poderosamente* (dominar), mas sim a vontade de viver *plenamente*, no tempo e no espaço, no eterno e no infinito.

Para estabelecer disciplina sexual é indispensável que o homem se compreenda a si mesmo, em sua plenitude e totalidade; que ele descubra o seu centro real, para além dos seus epicentros e periferias.

Somente a compreensão da verdade sobre si mesmo pode libertar o homem da escravidão das inverdades.

A solução do problema do sexo radica, em última análise, em uma substrutura de profunda metafísica, na resposta que dermos à pergunta "Que sou eu?",.

O conhecimento experiencial da verdade última sobre si mesmo libertará o homem de todas as suas escravidões.

O fim de toda a filosofia digna deste nome é a libertação do homem pelo conhecimento da verdade sobre si mesmo.

"Conhecereis a Verdade — e a Verdade vos libertará".

PERFIL BIOGRÁFICO

# Huberto Rohden

Nasceu em Tubarão, Santa Catarina, Brasil. Fez estudos no Rio Grande do Sul. Formou-se em Ciências, Filosofia e Teologia em Universidades da Europa — Innsbruck (Áustria), Valkenburg (Holanda) e Nápoles (Itália).

De regresso ao Brasil, trabalhou como professor, conferencista e escritor. Publicou mais de 65 obras sobre ciência, filosofia e religião, entre as quais várias foram traduzidas em outras línguas, inclusive o Esperanto; algumas existem em Braille, para institutos de cegos.

Rohden não está filiado a nenhuma igreja, seita ou partido político. Fundou e dirigiu o movimento mundial Alvorada, com sede em São Paulo.

De 1945 a 1946 teve uma Bolsa de Estudos para Pesquisas Científicas, na Universidade de Princeton, New Jersey (Estados Unidos), onde conviveu com Albert Einstein e lançou os alicerces para o movimento de âmbito mundial da Filosofia Univérsica, tomando por base do pensamento e da vida humana a constituição do próprio Universo, evidenciando a afinidade entre Matemática, Metafísica e Mística.

Em 1946, Huberto Rohden foi convidado pela *American University*, de Washington, D.C., para reger as cátedras de Filosofia Universal e de Religiões Comparadas, cargo este que exerceu durante cinco anos.

Durante a última Guerra Mundial foi convidado pelo *Bureau of Inter-American Affairs*, de Washington, para fazer parte do corpo de tradutores das notícias de guerra, do inglês para o português. Ainda na *American University*, de Washington, fundou o *Brazilian Center*, centro cultural brasileiro, com o fim de manter intercâmbio cultural entre o Brasil e os Estados Unidos.

Na capital dos Estados Unidos, Rohden freqüentou, durante três anos, o *Golden Lotus Temple*, onde foi iniciado em *Kriya Yôga* por Swami Premananda, diretor hindu desse *ashram*.

Ao fim de sua permanência nos Estados Unidos, Huberto Rohden foi convidado para fazer parte do corpo docente da nova *International Christian University* (ICU) de Metaka, Japão, a fim de reger as cátedras de Filosofia Universal e Religiões Comparadas; mas, por causa da guerra na Coréia, a universidade japonesa não foi inaugurada, e Rohden regressou ao Brasil. Em São Paulo foi nomeado professor de Filosofia na Universidade Mackenzie, cargo do qual não tomou posse.

Em 1952, fundou em São Paulo a Instituição Cultural e Beneficente Alvorada, onde mantinha cursos permanentes em São Paulo, Rio de Janeiro e Goiânia, sobre Filosofia Univérsica e Filosofia do Evangelho, e dirigia Casas de Retiro Espiritual (*ashrams*) em diversos estados do Brasil.

Em 1969, Huberto Rohden empreendeu viagens de estudo e experiência espiritual pela Palestina, Egito, Índia e Nepal, realizando diversas conferências com grupos de *yoguis* na Índia.

Em 1976, Rohden foi chamado a Portugal para fazer conferências sobre autoconhecimento e auto-realização. Em Lisboa fundou um setor do Centro de Auto-Realização Alvorada.

Nos últimos anos, Rohden residia na capital de São Paulo, onde permanecia alguns dias da semana escrevendo e reescrevendo seus livros, nos textos definitivos. Costumava passar três dias da semana no *ashram*, em contato com a natureza, plantando árvores, flores ou trabalhando no seu apiário-modelo.

Quando estava na capital, Rohden freqüentava periodicamente a editora responsável pela publicação de seus livros, dando-lhe orientação cultural e inspiração.

Fundamentalmente, toda a obra educacional e filosófica de Rohden divide-se em grandes segmentos: 1) a sede central da Instituição (Centro de Auto-realização), em São Paulo, que tem a finalidade de ministrar cursos e horas de meditação; 2) o *ashram*, situado a 70 quilômetros da capital, onde são dados, periodicamente, os Retiros Espirituais, de três dias completos; 3) a Editora Martin Claret, de São Paulo, que difunde, através de livros, a Filosofia Univérsica; 4) um grupo de dedicados e fiéis amigos, alunos e discípulos, que trabalham na consolidação e continuação da sua obra educacional.

À zero hora do dia 8 de outubro de 1981, após longa internação em uma clínica naturista de São Paulo, aos 87 anos, o professor Huberto Rohden partiu deste mundo e do convívio de seus amigos e discípulos. Suas últimas palavras em estado consciente foram: "Eu vim para servir a Humanidade".

Rohden deixa, para as gerações futuras, um legado cultural e um exemplo de fé e trabalho somente comparados aos dos grandes homens do nosso século.

Huberto Rohden é o principal editando da Editora Martin Claret.

# Relação de obras do prof. Huberto Rohden

**Coleção Filosofia Universal:**

O Pensamento Filosófico da Antiguidade
A Filosofia Contemporânea
O Espírito da Filosofia Oriental

**Coleção Filosofia do Evangelho:**

Filosofia Cósmica do Evangelho
O Sermão da Montanha
Assim Dizia o Mestre
O Triunfo da Vida sobre a Morte
O Nosso Mestre

**Coleção Filosofia da Vida:**

De Alma para Alma
Ídolos ou Ideal?
Escalando o Himalaia
O Caminho da Felicidade
Deus
Em Espírito e Verdade
Em Comunhão com Deus
Cosmorama
Porque sofremos

Lúcifer e Lógos
A Grande Libertação
Bhagavad Gita (tradução)
Setas para o Infinito
Entre Dois Mundos
Minhas Vivências na Palestina, Egito e Índia
Filosofia da Arte
A Arte de Curar pelo Espírito. Autor: Joel Goldsmith (tradução de Huberto Rohden)
Orientando
"Que vos parece do Cristo?"
Educação do Homem Integral
Dias de Grande Paz (tradução)
O Drama Milenar do Cristo e do Anticristo
Luzes e Sombras da Alvorada
Roteiro Cósmico
A Metafísica do Cristianismo
A Voz do Silêncio
Tao Te Ching de Lao-Tsé (tradução) - ilustrado
Sabedoria das Parábolas
O 5º Evangelho Segundo Tomé (tradução)
A Nova Humanidade
A Mensagem Viva do Cristo (Os Quatro Evangelhos - tradução)
Rumo à Consciência Cósmica
O Homem
Estratégias de Lúcifer
O Homem e o Universo
Imperativos da Vida
Profanos e Iniciados
Novo Testamento
Lampejos Evangélicos
O Cristo Cósmico e os Essênios
A Experiência Cósmica

**Coleção Mistérios da Natureza:**

Maravilhas do Universo
Alegorias
Ísis
Por mundos ignotos

**Coleção Biografias:**
Paulo de Tarso
Agostinho
Por um Ideal - 2 vols - Autobiografia
Mahatma Gandhi - ilustrado
Jesus Nazareno - 2 vols.
Einstein - O Enigma do Universo - ilustrado
Pascal - ilustrado
Myriam

**Coleção Opúsculos:**

Saúde e Felicidade pela Cosmo-Meditação
Catecismo da Filosofia
Assim dizia Mahatma Gandhi (100 Pensamentos)
Aconteceu entre 2000 e 3000
Ciência, Milagre e Oração são Compatíveis?
Centros de Auto-Realização

# Sumário

Prefácio .................................................................................... 5
Advertência ............................................................................ 11
Prefácio do editor para a 2ª edição ........................................ 13
Introdução .............................................................................. 15
Capítulo 1: A alvorada da filosofia univérsica e do
            homem cósmico ................................................... 19
Capítulo 2: A filosofia da grande libertação .......................... 25
Capítulo 3: A liberdade da culpa e a necessidade da pena ........... 31
Capítulo 4: A imunização do eu pela luta com o ego ............. 35
Capítulo 5: O universo imanifesto e a manifesto .................. 37
Capítulo 6: O universo transcedente e imanente ................... 43
Capítulo 7: O monismo da física e o monismo da metafísica ....... 49
Capítulo 8: Organicidade da filosofia cósmica ...................... 57
Capítulo 9: Creacão e evolução .............................................. 61
Capítulo 10: Realidade integral — acumulador de força retensa ... 67
Capítulo 11: Entropia versus ectropia metafísica ................... 71
Capítulo 12: Intransitivo, transitivo, reflexivo ....................... 75
Capítulo 13: O fenômeno "Homem" ...................................... 81
Capítulo 14: O homem cósmico dormente no homem telúrico ... 87
Capítulo 15: O homem cósmico e sua evolução multimilenar .... 93
Capítulo 16: O Lúcifer pecador do intelecto e o
             lógos redentor da razão ........................................ 99
Capítulo 17: Adi-Atman, primogênito, Lógos ...................... 105
Capítulo 18: Causalidade mecânica — e causalidade diâmica ..... 109
Capítulo 19: Evolução do homem profano, místico e cósmico .... 113

Capítulo 20: Kundalini, o poder da serpente ............................. 119
Capítulo 21: Corpo mortal, corpo sobrevivente, corpo imortal .. 127
Capítulo 22: Kundalini e sua relação com a evolução mental e
espiritual do homem ............................................... 135
Capítulo 23: Kundalini — kriya-Yoga e o evangelho do Cristo .... 139
Capítulo 24: Kundalini e a alquimia dos
hormônios exógenos e endógenos ......................... 145
Capítulo 25: Gabriel, o "Varão Divino" — pai de Jesus ....... 151
Capítulo 26: "Filho do homem" — "Filho de mulher".............. 157
Epílogo ................................................................................ 163
Perfil biográfico .................................................................... 167

# Relação dos Volumes Publicados

1. **Dom Casmurro**
   Machado de Assis
2. **O Príncipe**
   Maquiavel
3. **Mensagem**
   Fernando Pessoa
4. **O Lobo do Mar**
   Jack London
5. **A Arte da Prudência**
   Baltasar Gracián
6. **Iracema · Cinco Minutos**
   José de Alencar
7. **Inocência**
   Visconde de Taunay
8. **A Mulher de 30 Anos**
   Honoré de Balzac
9. **A Moreninha**
   Joaquim Manuel de Macedo
10. **A Escrava Isaura**
    Bernardo Guimarães
11. **As Viagens - "Il Milione"**
    Marco Polo
12. **O Retrato de Dorian Gray**
    Oscar Wilde
13. **A Volta ao Mundo em 80 Dias**
    Júlio Verne
14. **A Carne**
    Júlio Ribeiro
15. **Amor de Perdição**
    Camilo Castelo Branco
16. **Sonetos**
    Luís de Camões
17. **O Guarani**
    José de Alencar
18. **Memórias Póstumas de Brás Cubas**
    Machado de Assis
19. **Lira dos Vinte Anos**
    Álvares de Azevedo
20. **Apologia de Sócrates / Banquete**
    Platão
21. **A Metamorfose / Um Artista da Fome / Carta a Meu Pai**
    Franz Kafka
22. **Assim Falou Zaratustra**
    Friedrich Nietzsche
23. **Triste Fim de Policarpo Quaresma**
    Lima Barreto
24. **A Ilustre Casa de Ramires**
    Eça de Queirós
25. **Memórias de um Sargento de Milícias**
    Manuel Antônio de Almeida
26. **Robinson Crusoé**
    Daniel Defoe
27. **Espumas Flutuantes**
    Castro Alves
28. **O Ateneu**
    Raul Pompéia
29. **O Noviço / O Juiz de Paz da Roça / Quem Casa Quer Casa**
    Martins Pena
30. **A Relíquia**
    Eça de Queirós
31. **O Jogador**
    Dostoiévski
32. **Histórias Extraordinárias**
    Edgar Allan Poe
33. **Os Lusíadas**
    Luís de Camões
34. **As Aventuras de Tom Sawyer**
    Mark Twain
35. **Bola de Sebo e Outros Contos**
    Guy de Maupassant
36. **A República**
    Platão
37. **Elogio da Loucura**
    Erasmo de Rotterdam
38. **Caninos Brancos**
    Jack London
39. **Hamlet**
    William Shakespeare
40. **A Utopia**
    Thomas More
41. **O Processo**
    Franz Kafka
42. **O Médico e o Monstro**
    Robert Louis Stevenson
43. **Ecce Homo**
    Friedrich Nietzsche
44. **O Manifesto do Partido Comunista**
    Marx e Engels
45. **Discurso do Método / Regras para a Direção do Espírito**
    René Descartes
46. **Do Contrato Social**
    Jean-Jacques Rousseau
47. **A Luta pelo Direito**
    Rudolf von Ihering
48. **Dos Delitos e das Penas**
    Cesare Beccaria
49. **A Ética Protestante e o Espírito do Capitalismo**
    Max Weber
50. **O Anticristo**
    Friedrich Nietzsche
51. **Os Sofrimentos do Jovem Werther**
    Goethe
52. **As Flores do Mal**
    Charles Baudelaire
53. **Ética a Nicômaco**
    Aristóteles
54. **A Arte da Guerra**
    Sun Tzu
55. **Imitação de Cristo**
    Tomás de Kempis
56. **Cândido ou o Otimismo**
    Voltaire
57. **Rei Lear**
    William Shakespeare
58. **Frankenstein**
    Mary Shelley
59. **Quincas Borba**
    Machado de Assis
60. **Fedro**
    Platão
61. **Política**
    Aristóteles
62. **A Viuvinha / Encarnação**
    José de Alencar
63. **As Regras do Método Sociológico**
    Émile Durkheim
64. **O Cão dos Baskervilles**
    Sir Arthur Conan Doyle
65. **Contos Escolhidos**
    Machado de Assis
66. **Da Morte / Metafísica do Amor / Do Sofrimento do Mundo**
    Arthur Schopenhauer
67. **As Minas do Rei Salomão**
    Henry Rider Haggard
68. **Manuscritos Econômico-Filosóficos**
    Karl Marx
69. **Um Estudo em Vermelho**
    Sir Arthur Conan Doyle
70. **Meditações**
    Marco Aurélio
71. **A Vida das Abelhas**
    Maurice Materlinck
72. **O Cortiço**
    Aluísio Azevedo
73. **Senhora**
    José de Alencar
74. **Brás, Bexiga e Barra Funda / Laranja da China**
    Antônio de Alcântara Machado
75. **Eugênia Grandet**
    Honoré de Balzac
76. **Contos Gauchescos**
    João Simões Lopes Neto
77. **Esaú e Jacó**
    Machado de Assis
78. **O Desespero Humano**
    Sören Kierkegaard
79. **Dos Deveres**
    Cícero
80. **Ciência e Política**
    Max Weber
81. **Satíricon**
    Petrônio
82. **Eu e Outras Poesias**
    Augusto dos Anjos
83. **Farsa de Inês Pereira / Auto da Barca do Inferno / Auto da Alma**
    Gil Vicente
84. **A Desobediência Civil e Outros Escritos**
    Henry David Toreau
85. **Para Além do Bem e do Mal**
    Friedrich Nietzsche
86. **A Ilha do Tesouro**
    R. Louis Stevenson
87. **Marília de Dirceu**
    Tomás A. Gonzaga
88. **As Aventuras de Pinóquio**
    Carlo Collodi
89. **Segundo Tratado Sobre o Governo**
    John Locke
90. **Amor de Salvação**
    Camilo Castelo Branco
91. **Broquéis / Faróis / Últimos Sonetos**
    Cruz e Souza
92. **I-Juca-Pirama / Os Timbiras / Outros Poemas**
    Gonçalves Dias
93. **Romeu e Julieta**
    William Shakespeare
94. **A Capital Federal**
    Arthur Azevedo
95. **Diário de um Sedutor**
    Sören Kierkegaard
96. **Carta de Pero Vaz de Caminha a El-Rei Sobre o Achamento do Brasil**
97. **Casa de Pensão**
    Aluísio Azevedo
98. **Macbeth**
    William Shakespeare

99. **Édipo Rei/Antígona**
   *Sófocles*

100. **Lucíola**
    *José de Alencar*

101. **As Aventuras de Sherlock Holmes**
    *Sir Arthur Conan Doyle*

102. **Bom-Crioulo**
    *Adolfo Caminha*

103. **Helena**
    *Machado de Assis*

104. **Poemas Satíricos**
    *Gregório de Matos*

105. **Escritos Políticos / A Arte da Guerra**
    *Maquiavel*

106. **Ubirajara**
    *José de Alencar*

107. **Diva**
    *José de Alencar*

108. **Eurico, o Presbítero**
    *Alexandre Herculano*

109. **Os Melhores Contos**
    *Lima Barreto*

110. **A Luneta Mágica**
    *Joaquim Manuel de Macedo*

111. **Fundamentação da Metafísica dos Costumes e Outros Escritos**
    *Immanuel Kant*

112. **O Príncipe e o Mendigo**
    *Mark Twain*

113. **O Domínio de Si Mesmo pela Auto-Sugestão Consciente**
    *Émile Coué*

114. **O Mulato**
    *Aluísio Azevedo*

115. **Sonetos**
    *Florbela Espanca*

116. **Uma Estadia no Inferno / Poemas / Carta do Vidente**
    *Arthur Rimbaud*

117. **Várias Histórias**
    *Machado de Assis*

118. **Fédon**
    *Platão*

119. **Poesias**
    *Olavo Bilac*

120. **A Conduta para a Vida**
    *Ralph Waldo Emerson*

121. **O Livro Vermelho**
    *Mao Tsé-Tung*

122. **Oração aos Moços**
    *Rui Barbosa*

123. **Otelo, o Mouro de Veneza**
    *William Shakespeare*

124. **Ensaios**
    *Ralph Waldo Emerson*

125. **De Profundis / Balada do Cárcere de Reading**
    *Oscar Wilde*

126. **Crítica da Razão Prática**
    *Immanuel Kant*

127. **A Arte de Amar**
    *Ovídio Naso*

128. **O Tartufo ou O Impostor**
    *Molière*

129. **Metamorfoses**
    *Ovídio Naso*

130. **A Gaia Ciência**
    *Friedrich Nietzsche*

131. **O Doente Imaginário**
    *Molière*

132. **Uma Lágrima de Mulher**
    *Aluísio Azevedo*

133. **O Último Adeus de Sherlock Holmes**
    *Sir Arthur Conan Doyle*

134. **Canudos - Diário de Uma Expedição**
    *Euclides da Cunha*

135. **A Doutrina de Buda**
    *Siddharta Gautama*

136. **Tao Te Ching**
    *Lao-Tsé*

137. **Da Monarquia / Vida Nova**
    *Dante Alighieri*

138. **A Brasileira de Prazins**
    *Camilo Castelo Branco*

139. **O Velho da Horta/Quem Tem Farelos?/Auto da Índia**
    *Gil Vicente*

140. **O Seminarista**
    *Bernardo Guimarães*

141. **O Alienista / Casa Velha**
    *Machado de Assis*

142. **Sonetos**
    *Manuel du Bocage*

143. **O Mandarim**
    *Eça de Queirós*

144. **Noite na Taverna / Macário**
    *Álvares de Azevedo*

145. **Viagens na Minha Terra**
    *Almeida Garrett*

146. **Sermões Escolhidos**
    *Padre Antonio Vieira*

147. **Os Escravos**
    *Castro Alves*

148. **O Demônio Familiar**
    *José de Alencar*

149. **A Mandrágora / Belfagor, o Arquidiabo**
    *Maquiavel*

150. **O Homem**
    *Aluísio Azevedo*

151. **Arte Poética**
    *Aristóteles*

152. **A Megera Domada**
    *William Shakespeare*

153. **Alceste/Electra/Hipólito**
    *Eurípedes*

154. **O Sermão da Montanha**
    *Huberto Rohden*

155. **O Cabeleira**
    *Franklin Távora*

156. **Rubáiyát**
    *Omar Khayyám*

157. **Luzia-Homem**
    *Domingos Olímpio*

158. **A Cidade e as Serras**
    *Eça de Queirós*

159. **A Retirada da Laguna**
    *Visconde de Taunay*

160. **A Viagem ao Centro da Terra**
    *Júlio Verne*

161. **Caramuru**
    *Frei Santa Rita Durão*

162. **Clara dos Anjos**
    *Lima Barreto*

163. **Memorial de Aires**
    *Machado de Assis*

164. **Bhagavad Gita**
    *Krishna*

165. **O Profeta**
    *Khalil Gibran*

166. **Aforismos**
    *Hipócrates*

167. **Kama Sutra**
    *Vatsyayana*

168. **Histórias de Mowgli**
    *Rudyard Kipling*

169. **De Alma para Alma**
    *Huberto Rohden*

170. **Orações**
    *Cícero*

171. **Sabedoria das Parábolas**
    *Huberto Rohden*

172. **Salomé**
    *Oscar Wilde*

173. **Do Cidadão**
    *Thomas Hobbes*

174. **Porque Sofremos**
    *Huberto Rohden*

175. **Einstein: o Enigma do Universo**
    *Huberto Rohden*

176. **A Mensagem Viva do Cristo**
    *Huberto Rohden*

177. **Mahatma Gandhi**
    *Huberto Rohden*

178. **A Cidade do Sol**
    *Tommaso Campanella*

179. **Setas para o Infinito**
    *Huberto Rohden*

180. **A Voz do Silêncio**
    *Helena Blavatsky*

181. **Frei Luís de Sousa**
    *Almeida Garrett*

182. **Fábulas**
    *Esopo*

183. **Cântico de Natal/ Os Carrilhões**
    *Charles Dickens*

184. **Contos**
    *Eça de Queirós*

185. **O Pai Goriot**
    *Honoré de Balzac*

186. **Noites Brancas e Outras Histórias**
    *Dostoiévski*

187. **Minha Formação**
    *Joaquim Nabuco*

188. **Pragmatismo**
    *William James*

189. **Discursos Forenses**
    *Enrico Ferri*

190. **Medeia**
    *Eurípedes*

191. **Discursos de Acusação**
    *Enrico Ferri*

192. **A Ideologia Alemã**
    *Marx & Engels*

193. **Prometeu Acorrentado**
    *Ésquilo*

194. **Iaiá Garcia**
    *Machado de Assis*

195. **Discursos no Instituto dos Advogados Brasileiros / Discurso no Colégio Anchieta**
    *Rui Barbosa*

196. **Édipo em Colono**
    *Sófocles*

197. **A Arte de Curar pelo Espírito**
    *Joel S. Goldsmith*

198. **Jesus, o Filho do Homem**
    *Khalil Gibran*

199. **Discurso sobre a Origem e os Fundamentos da Desigualdade entre os Homens**
    *Jean-Jacques Rousseau*

200. **Fábulas**
    *La Fontaine*

201. **O Sonho de uma Noite de Verão**
    *William Shakespeare*

202. **Maquiavel, o Poder**
	*José Nivaldo Junior*
203. **Ressurreição**
	*Machado de Assis*
204. **O Caminho da Felicidade**
	*Huberto Rohden*
205. **A Velhice do Padre Eterno**
	*Guerra Junqueiro*
206. **O Sertanejo**
	*José de Alencar*
207. **Gitanjali**
	*Rabindranath Tagore*
208. **Senso Comum**
	*Thomas Paine*
209. **Canaã**
	*Graça Aranha*
210. **O Caminho Infinito**
	*Joel S. Goldsmith*
211. **Pensamentos**
	*Epicuro*
212. **A Letra Escarlate**
	*Nathaniel Hawthorne*
213. **Autobiografia**
	*Benjamin Franklin*
214. **Memórias de Sherlock Holmes**
	*Sir Arthur Conan Doyle*
215. **O Dever do Advogado / Posse de Direitos Pessoais**
	*Rui Barbosa*
216. **O Tronco do Ipê**
	*José de Alencar*
217. **O Amante de Lady Chatterley**
	*D. H. Lawrence*
218. **Contos Amazônicos**
	*Inglês de Souza*
219. **A Tempestade**
	*William Shakespeare*
220. **Ondas**
	*Euclides da Cunha*
221. **Educação do Homem Integral**
	*Huberto Rohden*
222. **Novos Rumos para a Educação**
	*Huberto Rohden*
223. **Mulherzinhas**
	*Louise May Alcott*
224. **A Mão e a Luva**
	*Machado de Assis*
225. **A Morte de Ivan Ilicht / Senhores e Servos**
	*Leon Tolstói*
226. **Álcoois e Outros Poemas**
	*Apollinaire*
227. **Pais e Filhos**
	*Ivan Turguêniev*
228. **Alice no País das Maravilhas**
	*Lewis Carroll*
229. **À Margem da História**
	*Euclides da Cunha*
230. **Viagem ao Brasil**
	*Hans Staden*
231. **O Quinto Evangelho**
	*Tomé*
232. **Lorde Jim**
	*Joseph Conrad*
233. **Cartas Chilenas**
	*Tomás Antônio Gonzaga*
234. **Odes Modernas**
	*Anntero de Quental*
235. **Do Cativeiro Babilônico da Igreja**
	*Martinho Lutero*
236. **O Coração das Trevas**
	*Joseph Conrad*
237. **Thais**
	*Anatole France*
238. **Andrômaca / Fedra**
	*Racine*
239. **As Catilinárias**
	*Cícero*
240. **Recordações da Casa dos Mortos**
	*Dostoiévski*
241. **O Mercador de Veneza**
	*William Shakespeare*
242. **A Filha do Capitão / A Dama de Espadas**
	*Aleksandr Púchkin*
243. **Orgulho e Preconceito**
	*Jane Austen*
244. **A Volta do Parafuso**
	*Henry James*
245. **O Gaúcho**
	*José de Alencar*
246. **Tristão e Isolda**
	*Lenda Medieval Celta de Amor*
247. **Poemas Completos de Alberto Caeiro**
	*Fernando Pessoa*
248. **Maiakóvski**
	*Vida e Poesia*
249. **Sonetos**
	*William Shakespeare*
250. **Poesia de Ricardo Reis**
	*Fernando Pessoa*
251. **Papéis Avulsos**
	*Machado de Assis*
252. **Contos Fluminenses**
	*Machado de Assis*
253. **O Bobo**
	*Alexandre Herculano*
254. **A Oração da Coroa**
	*Demóstenes*
255. **O Castelo**
	*Franz Kafka*
256. **O Trovejar do Silêncio**
	*Joel S. Goldsmith*
257. **Alice na Casa dos Espelhos**
	*Lewis Carrol*
258. **Miséria da Filosofia**
	*Karl Marx*
259. **Júlio César**
	*William Shakespeare*
260. **Antônio e Cleópatra**
	*William Shakespeare*
261. **Filosofia da Arte**
	*Huberto Rohden*
262. **A Alma Encantadora das Ruas**
	*João do Rio*
263. **A Normalista**
	*Adolfo Caminha*
264. **Pollyanna**
	*Eleanor H. Porter*
265. **As Pupilas do Senhor Reitor**
	*Júlio Diniz*
266. **As Primaveras**
	*Casimiro de Abreu*
267. **Fundamentos do Direito**
	*Léon Duguit*
268. **Discursos de Metafísica**
	*G. W. Leibniz*
269. **Sociologia e Filosofia**
	*Emile Durkheim*
270. **Cancioneiro**
	*Fernando Pessoa*
271. **A Dama das Camélias**
	*Alexandre Dumas (filho)*
272. **O Divórcio / As Bases da Fé / e outros textos**
	*Rui Barbosa*
273. **Pollyanna Moça**
	*Eleanor H. Porter*
274. **O 18 Brumário de Luís Bonaparte**
	*Karl Marx*
275. **Teatro de Machado de Assis**
	*Antologia*
276. **Cartas Persas**
	*Montesquieu*
277. **Em Comunhão com Deus**
	*Huberto Rohden*
278. **Razão e Sensibilidade**
	*Jane Austen*
279. **Crônicas Selecionadas**
	*Machado de Assis*
280. **Histórias da Meia-Noite**
	*Machado de Assis*
281. **Cyrano de Bergerac**
	*Edmond Rostand*
282. **O Maravilhoso Mágico de Oz**
	*L. Frank Baum*
283. **Trocando Olhares**
	*Florbela Espanca*
284. **O Pensamento Filosófico da Antiguidade**
	*Huberto Rohden*
285. **Filosofia Contemporânea**
	*Huberto Rohden*
286. **O Espírito da Filosofia Oriental**
	*Huberto Rohden*
287. **A Pele do Lobo / O Badejo / o Dote**
	*Artur Azevedo*
288. **Os Bruzundangas**
	*Lima Barreto*
289. **A Pata da Gazela**
	*José de Alencar*
290. **O Vale do Terror**
	*Sir Arthur Conan Doyle*
291. **O Signo dos Quatro**
	*Sir Arthur Conan Doyle*
292. **As Máscaras do Destino**
	*Florbela Espanca*
293. **A Confissão de Lúcio**
	*Mário de Sá-Carneiro*
294. **Falenas**
	*Machado de Assis*
295. **O Uraguai / A Declamação Trágica**
	*Basílio da Gama*
296. **Crisálidas**
	*Machado de Assis*
297. **Americanas**
	*Machado de Assis*
298. **A Carteira de Meu Tio**
	*Joaquim Manuel de Macedo*
299. **Catecismo da Filosofia**
	*Huberto Rohden*
300. **Apologia de Sócrates**
	*Platão* (Edição bilingue)
301. **Rumo à Consciência Cósmica**
	*Huberto Rohden*
302. **Cosmoterapia**
	*Huberto Rohden*
303. **Bodas de Sangue**
	*Federico García Lorca*
304. **Discurso da Servidão Voluntária**
	*Étienne de La Boétie*

305. **Categorias**
   *Aristóteles*
306. **Manon Lescaut**
   *Abade Prévost*
307. **Teogonia / Trabalho e Dias**
   *Hesíodo*
308. **As Vítimas-Algozes**
   *Joaquim Manuel de Macedo*
309. **Persuasão**
   *Jane Austen*
310. **Agostinho** - *Huberto Rohden*
311. **Roteiro Cósmico**
   *Huberto Rohden*
312. **A Queda dum Anjo**
   *Camilo Castelo Branco*
313. **O Cristo Cósmico e os Essênios** - *Huberto Rohden*
314. **Metafísica do Cristianismo**
   *Huberto Rohden*
315. **Rei Édipo** - *Sófocles*
316. **Livro dos Provérbios**
   *Salomão*
317. **Histórias de Horror**
   *Howard Phillips Lovecraft*
318. **O Ladrão de Casaca**
   *Maurice Leblanc*
319. **Til**
   *José de Alencar*

### SÉRIE OURO
(Livros com mais de 400 p.)

1. **Leviatã**
   *Thomas Hobbes*
2. **A Cidade Antiga**
   *Fustel de Coulanges*
3. **Crítica da Razão Pura**
   *Immanuel Kant*
4. **Confissões**
   *Santo Agostinho*
5. **Os Sertões**
   *Euclides da Cunha*
6. **Dicionário Filosófico**
   *Voltaire*
7. **A Divina Comédia**
   *Dante Alighieri*
8. **Ética Demonstrada à Maneira dos Geômetras**
   *Baruch de Spinoza*
9. **Do Espírito das Leis**
   *Montesquieu*
10. **O Primo Basílio**
    *Eça de Queirós*
11. **O Crime do Padre Amaro**
    *Eça de Queirós*
12. **Crime e Castigo**
    *Dostoiévski*
13. **Fausto**
    *Goethe*
14. **O Suicídio**
    *Émile Durkheim*
15. **Odisseia**
    *Homero*
16. **Paraíso Perdido**
    *John Milton*
17. **Drácula**
    *Bram Stoker*
18. **Ilíada**
    *Homero*
19. **As Aventuras de Huckleberry Finn**
    *Mark Twain*
20. **Paulo – O 13º Apóstolo**
    *Ernest Renan*
21. **Eneida**
    *Virgílio*
22. **Pensamentos**
    *Blaise Pascal*
23. **A Origem das Espécies**
    *Charles Darwin*
24. **Vida de Jesus**
    *Ernest Renan*
25. **Moby Dick**
    *Herman Melville*
26. **Os Irmãos Karamazovi**
    *Dostoiévski*
27. **O Morro dos Ventos Uivantes**
    *Emily Brontë*
28. **Vinte Mil Léguas Submarinas**
    *Júlio Verne*
29. **Madame Bovary**
    *Gustave Flaubert*
30. **O Vermelho e o Negro**
    *Stendhal*
31. **Os Trabalhadores do Mar**
    *Victor Hugo*
32. **A Vida dos Doze Césares**
    *Suetônio*
33. **O Moço Loiro**
    *Joaquim Manuel de Macedo*
34. **O Idiota**
    *Dostoiévski*
35. **Paulo de Tarso**
    *Huberto Rohden*
36. **O Peregrino**
    *John Bunyan*
37. **As Profecias**
    *Nostradamus*
38. **Novo Testamento**
    *Huberto Rohden*
39. **O Corcunda de Notre Dame**
    *Victor Hugo*
40. **Arte de Furtar**
    *Anônimo do século XVII*
41. **Germinal**
    *Émile Zola*
42. **Folhas de Relva**
    *Walt Whitman*
43. **Ben-Hur — Uma História dos Tempos de Cristo**
    *Lew Wallace*
44. **Os Maias**
    *Eça de Queirós*
45. **O Livro da Mitologia**
    *Thomas Bulfinch*
46. **Os Três Mosqueteiros**
    *Alexandre Dumas*
47. **Poesia de Álvaro de Campos**
    *Fernando Pessoa*
48. **Jesus Nazareno**
    *Huberto Rohden*
49. **Grandes Esperanças**
    *Charles Dickens*
50. **A Educação Sentimental**
    *Gustave Flaubert*
51. **O Conde de Monte Cristo (Volume I)**
    *Alexandre Dumas*
52. **O Conde de Monte Cristo (Volume II)**
    *Alexandre Dumas*
53. **Os Miseráveis (Volume I)**
    *Victor Hugo*
54. **Os Miseráveis (Volume II)**
    *Victor Hugo*
55. **Dom Quixote de La Mancha (Volume I)**
    *Miguel de Cervantes*
56. **Dom Quixote de La Mancha (Volume II)**
    *Miguel de Cervantes*
57. **As Confissões**
    *Jean-Jacques Rousseau*
58. **Contos Escolhidos**
    *Artur Azevedo*
59. **As Aventuras de Robin Hood**
    *Howard Pyle*
60. **Mansfield Park**
    *Jane Austen*